# Introducción

Bienvenidos a "La Horma", un conjunto de ensayos políticos que buscan explorar y analizar las dinámicas sociales, económicas y políticas que moldean nuestra realidad. Este compendio es una reflexión sobre las luchas y desafíos que enfrentamos como sociedad, y una invitación a cuestionar y transformar las estructuras que perpetúan la desigualdad y la injusticia. A través de estos ensayos, se pretende ofrecer una visión crítica y profunda de los problemas que aquejan a nuestra sociedad, así como proponer soluciones y caminos hacia un futuro más equitativo y justo.

# Contexto Histórico y Desarrollo

**Honduras**, situada en la región de Centroamérica, tiene una historia rica y compleja que ha moldeado su identidad y desarrollo. Desde la llegada de los conquistadores españoles en el siglo XVI, el país ha experimentado una serie de cambios políticos, sociales y económicos significativos.

**Época Precolombina**: Antes de la llegada de los europeos, Honduras estaba habitada por diversas culturas indígenas, siendo los mayas los más avanzados. La región fue descubierta por Cristóbal Colón en 1502, marcando el inicio de la colonización española.

**Colonización Española**: Durante el siglo XVI, los españoles establecieron varias ciudades y pueblos, incluyendo Tegucigalpa y Comayagua. La economía se basó inicialmente en la minería de oro y plata, pero con el tiempo, la agricultura se convirtió en la base económica. La colonización también trajo consigo la explotación y el maltrato de la población indígena.

**Independencia y Unificación**: En 1821, Honduras se independizó de España y se unió a la República Federal de Centroamérica. Sin embargo, esta unión fue breve, ya que en 1838, la federación se disolvió y Honduras se convirtió en una república independiente.

**Siglo XX y XXI**: El siglo XX estuvo marcado por periodos de dictaduras militares, conflictos armados y la influencia de la Guerra Fría. En la actualidad, Honduras enfrenta desafíos significativos en términos de pobreza, corrupción y violencia. La historia del país ha dejado una huella profunda en su identidad y desarrollo, y sigue siendo un tema de estudio y reflexión.

# Crítica en la Horma

La crítica en "La Horma" se centra en desmontar las narrativas oficiales y exponer las injusticias y desigualdades perpetuadas por las estructuras de poder. Estos ensayos denuncian la manipulación y el control ejercidos por las élites sobre las masas, y abogan por una organización y acción colectiva como medio para alcanzar la justicia social. La crítica se dirige tanto a los sistemas políticos y económicos actuales como a las ideologías que los sustentan.

A través de un análisis riguroso y bien fundamentado, "La Horma" busca revelar las contradicciones y falacias de los discursos oficiales, y propone alternativas basadas en principios de equidad, solidaridad y participación democrática. Los ensayos enfatizan la importancia de la educación política y la concienciación como herramientas fundamentales para la emancipación y el cambio social.

# Dedicatoria

Dedicamos este trabajo a todos los luchadores y luchadoras que, a lo largo de la historia, han dado su vida y su esfuerzo por la causa de la justicia social. A los mártires caídos en la lucha antiimperialista, a los líderes y lideresas que han guiado con su ejemplo, y a cada persona que, desde su trinchera, contribuye a la construcción de un mundo mejor. En especial, recordamos a Mario Membreño, cuya luz y enseñanzas seguirán guiando nuestro camino. También dedicamos este compendio a los jóvenes que hoy se levantan con la esperanza de un futuro diferente, a los trabajadores y trabajadoras que día a día luchan por sus derechos, y a todas las comunidades que resisten y se organizan para enfrentar las injusticias. Que este conjunto de ensayos sirva como un faro de esperanza y una guía para la acción, inspirando a las nuevas generaciones a continuar la lucha por un mundo más justo y equitativo.

# EL TRATO PARA VICIAR
# LA REVOLUCIÓN

Bajo el poder dominante del dominado, la clase media o pequeña burguesía levanta la lucha a su descenso al abismo de la quiebra económica, por un mercado interno empobrecido y por el surtido de mercancías de otros países. Sucede en esta época del gobierno de la república y en medio de relaciones sociales supeditadas a la explotación del obrero y a la inmovilidad de producción en el agro, por el capitalista dependiente.

Tal capa social que se da en la sociedad es la más atenta a la política, una y otra vez, desviada del proceso democrático por la vía de la conveniencia que revisa lo mejor para sus privilegios de enriquecimiento sin producir. Atenta a callar al pueblo, desde su dirección el pueblo por intuición habla de revolución.

Esta pequeña burguesía muestra su oportunismo con características rebeldes al tratar de escalar a la cima que lo resbala desde sus laderas, con su huera palabrería en contra de la pobreza. En esta vía de inseguridades produce discursos de cambio cada vez más aguerridos, con más frases de cambios de apariencia ruda de dirigentes que no trascienden el discurso hasta el gorro de violencia.

Esa es la contra revolucionaria pequeña burguesa que es mezcla entre trabajadores e intelectuales, que llega hasta la dirigencia del movimiento. En su saber y actos de valentía y audacia, lleva al movimiento obrero sofrenado, tirándole de las riendas a su "desbocar" revolucionario hacia el socialismo. Bajo esa influencia de matrona, acampa a la espera de liquidar la reforma marxista del lugar al cambio.

Ejemplo de análisis histórico

Para contextualizar esta discusión, podemos considerar las revoluciones burguesas del siglo XIX, como la Revolución Francesa de 1848. La pequeña burguesía, una clase social intermedia, jugó un papel crucial al catalizar las revueltas. Sin embargo, una vez en el poder, muchas veces adoptaron políticas que protegían sus intereses, en lugar de promover un cambio radical a favor de las clases trabajadoras.

La Revolución Rusa de 1917 también ofrece un ejemplo pertinente. Los mencheviques, inicialmente aliados con los bolcheviques en la lucha contra el régimen zarista, representaban a la pequeña burguesía y se enfocaban en reformas más moderadas. Sin embargo, su visión se desvió significativamente de los objetivos radicales de los bolcheviques, liderados por Lenin, quienes buscaban una transformación socialista más profunda.

Citas Relevantes

1. Karl Marx:
   - "La historia de todas las sociedades hasta nuestros días es la historia de las luchas de clases." — El Manifiesto Comunista. Marx destacó cómo la lucha de clases es un motor de la historia, siendo la pequeña burguesía a menudo una clase intermedia con intereses contradictorios.

2. Rosa Luxemburgo:
   - "La libertad solo para los partidarios del gobierno, solo para los miembros de un partido, por numerosos que sean, no es libertad en absoluto." — La Revolución Rusa. Luxemburgo subraya la importancia de una verdadera libertad democrática, que muchas veces es restringida por aquellos en el poder, incluyendo la pequeña burguesía.

3. Frantz Fanon:

   - "La burguesía nacional no toma en consideración la economía del país; su única preocupación es enriquecerse, en forma rápida y sin trabajar." — Los Condenados de la Tierra. Fanon critica cómo la burguesía, una vez en el poder, a menudo perpetúa estructuras de opresión para mantener sus privilegios.

4. Antonio Gramsci:

   - "La crisis consiste precisamente en el hecho de que lo viejo muere y lo nuevo no puede nacer: en este interregno, se verifican los fenómenos morbosos más variados." — *Cuadernos de la Cárcel*. Gramsci resalta la transición dolorosa y conflictiva entre diferentes estructuras de poder, a menudo manipuladas por la pequeña burguesía.

Reflexión final

Es crucial reconocer estas dinámicas para entender cómo las luchas sociales pueden ser cooptadas y desviadas de sus objetivos originales. La verdadera transformación requiere una conciencia crítica y una acción colectiva que trascienda los intereses individuales y de clase. Solo entonces, la revolución puede escapar de las garras del oportunismo y avanzar hacia un cambio genuino y profundo.

# UNA NACIÓN QUE NO HA LOGRADO SER REPÚBLICA POR EL DEDO DEL OLIGARCA

"El sistema jurídico distribuye el poder del Estado en tres órganos: el Legislativo, representante de la voluntad general del pueblo que expresa a través de las leyes; el Ejecutivo, encargado de dar cumplimiento a dicha voluntad, y el Judicial, que juzga los delitos y las diferencias entre particulares." — Montesquieu.

Qué grotescas figuras han hecho de tus tres órganos, de los tres poderes del Estado dirigidos por un personaje autoritario, tan naturalmente exhibidos que fundidos son parte del proceso de democracia hondureña. Qué barbaridad. Los han subordinado al logro del juicio clasista, al interés del oligarca, del que todo lo copa. De tal modo, que tu opinión vale cero, es lo natural en la argolla, que se da en los campos de lo diario, en los equipos de fútbol, en los sindicatos, es parte de la cultura. Vive en todos los recovecos de la vida social y en la política, siempre es conciencia transmitida por el politiquero a una masa aplaudir al ambicioso, corrupto y oportunista que desconoce el respeto a los derechos, a principios morales, por lo que lisonjea al concepto y como gato sobón a la libertad con su discurso meloso, que lleva en su fuero interno la fría ganancia, con la que guerrea al interés nacional por más estipendios y canonjías según sea el juego de utilidades.

Así fue con la elección de la directiva del Congreso donde una minoría derrotó a la mayoría, con la Corte Suprema y Fiscalía que por negociación de repartos, donde los de la más alta calificación fueron orillados. En ese interpelar a la obligación democrática, el cálculo político se impuso a la moral, entorpeciendo el beneficio democrático y haciendo flaquear la norma jurídica, el respeto a la ley Constitucional. Así es en la sociedad de los líderes cachurecos apostados en la altura de los partidos políticos que surge, por así decir, en ese exhalar indignidad en la acción capitalista, que en su mal aliento lleva la miseria y a mano las promesas vacías, orillando al hombre al camino espinoso, a una relación inservible para el éxito colectivo.

Su cacique es el rey Midas contemporáneo que todas las simpatías políticas las trueca en apropiación de poder absoluto, sirviendo a intereses oligarcas, multiplicando la gran industria de los pocos que lleva la huella del atraso económico transnacional, la muerte en la variedad de dependencias y de la más miserable en las agriculturas, las tierras ociosas en las gentes que las hacen caber en sembrados de camalote.

Eso lo han edificado como natural necesario en la choza nación, los politicastros que hacen abundar la sumisión y con ella la indiferencia en la autoestima del trabajador. Lo que reza de tres poderes independientes a gobernar con uno de tres y el silencio del intelectual que basta al oligarca, a la medida de su interés patronal.

Tal dificultad apuntada no nos permite marchar al paso con el mundo moderno, sino a grandes zancadas al mundo infrahumano del insaciable chicharronero, educado por la dependencia económica al imperio, al monocultivo y al "está bueno su merced". Este cultivo de espíritus a la obediencia hace del país el ánimo de esquivar el ritmo del progreso que hace trastabillar y de bruces ir con todo a fundar la autocracia, como la manera y forma de gobernar a andrajos espirituales con las normas de imposturas de la clase dominante.

Podemos entonces sentir la humedad, el lodo que de sus charcos pudre las relaciones desde vieja data, y por igual crea sus figurines responsables de la continuación de esta triste historia de la administración pública, hecha de galimatías electoreras y del sin sentido que en círculo vuelve al mismo lugar del crimen buscando la absolución. Así recurren al familión, la esfinge de enigmas del demócrata, proponiendo a la vera el absolutismo, la burla del coronar la testa del terrateniente como socialista, "vaya usted a saber," cómo se forma el ambiente de muchedumbre, que en los claros de irreflexión crea la farsa y los inmensos consensos del "todo es pa' mí", es su loca refundación del volver a refundar lo vivido de un no saber qué fundar como nuevo.

Esa es la idea asentada del mismo ayer a refundar en un hoy a descifrar en lo poco claro, en lo incierto, no trata de acabar con el insolente momento del eterno trato inhumano a los explotados donde anida la conciencia, del "está bien" al hacendado, de ese o de aquel de mirada de horizonte, con la que mide el alcance de sus propiedades, óptica que abarca a la acción del refundar propiedades, tierras y bosques nacionales a la apropiación de la nación. Es su programa en su gobierno de los mil cuentos del refundar.

Hoy cantan los juglares provincianos la historieta del socialismo democrático, que es el canto de viejos terratenientes, hoy héroes que mutilaron la República y hoy la velan al descuido de la arca del Estado, sustrayendo dineros y esperanzas del ciudadano adormitado, todo es al beneficio clasista burgués. Nos hacen el juego de "dónde está la bolita" de un igual pasado oscuro traído al presente, digamos que vienen en nuevas sorpresas de corrupción, de nepotismo masivo, no declarado que hace dormir la vigilancia en este mundo de trueque de tal magnitud de ilícitos que atolondran la ética y hacen seguir el ayer, sin República, en un cuerpo del caudillo.

# UN LLAMADO AL PUEBLO

¡UN LLAMADO AL PUEBLO!

Debido a los atropellos a la libertad de elegir candidatos(as) a elección popular, el pueblo cree que elige a los candidatos de los dueños de los partidos políticos. Así es en la desdichada patria del oligarca.

Hoy nos hacemos la exigencia de declarar nuestra oposición y posición respecto al basta de imposiciones, de candidatos ajenos a los intereses y a las luchas que libra el pueblo por su bienestar. Cuando llaman al ciudadano a elecciones, van al gusto del mandamás y de antemano amañadas, tanto en primarias como en generales.

Nos hacemos la rebeldía en esta declaración por tales intereses que postergan cada cuatro años y así por toda la eternidad de la voluntad burguesa, siempre en contra del bienestar popular y a favor del interés de la clase dominante por medio de sus politiqueros que asumen su representación en las políticas y relaciones de los gobiernos de turno y de oligarcas.

Hacemos un llamado a dirigentes y participantes en general: ha llegado el tiempo de abandonar los caminos trazados por los dueños de Honduras y de elegir por nosotros el camino del bienestar como objetivo de todos. Hacemos el llamado a sindicatos, gremios, patronatos, asociaciones, cooperativas, pequeños, medianos y grandes empresarios de la ciudad y del campo, etc., a dar pasos de organización para poner fin a las tropelías a la democracia y a la libertad individual y colectiva.

Cambio que exigimos a la vida de todos los hondureños, a su derecho a un salario digno y a su recreo familiar, un todo acorde con el esfuerzo dejado en la producción de vida, en una palabra, a recobrar las fuerzas y con el cambio social.

Es tiempo de lucha, es tiempo de despertar y de levantar la cabeza a luchar por una mejor vida a cambio del esfuerzo productivo.

¡¡Vayamos a la independencia y a la libertad popular a elegir nuestro destino de bienestar!!

Citas Relevantes

1. Montesquieu:
   - "El sistema jurídico distribuye el poder del Estado en tres órganos: el Legislativo, representante de la voluntad general del pueblo que expresa a través de las leyes; el Ejecutivo, encargado de dar cumplimiento a dicha voluntad, y el Judicial, que juzga los delitos y las diferencias entre particulares." — *El Espíritu de las Leyes*. Montesquieu subraya la importancia de la separación de poderes para evitar el abuso de autoridad.

2. Karl Marx:
   - "La historia de todas las sociedades hasta nuestros días es la historia de las luchas de clases." — *El Manifiesto Comunista*. Marx destaca cómo la lucha de clases es un motor de la historia, siendo la pequeña burguesía a menudo una clase intermedia con intereses contradictorios.

3. Rosa Luxemburgo:
   - "La libertad solo para los partidarios del gobierno, solo para los miembros de un partido, por numerosos que sean, no es libertad en absoluto." — *La Revolución Rusa*. Luxemburgo subraya la importancia de una verdadera libertad democrática, que muchas veces es restringida por aquellos en el poder, incluyendo la pequeña burguesía.

4. Frantz Fanon:

- "La burguesía nacional no toma en consideración la economía del país; su única preocupación es enriquecerse, en forma rápida y sin trabajar." — *Los Condenados de la Tierra*. Fanon critica cómo la burguesía, una vez en el poder, a menudo perpetúa estructuras de opresión para mantener sus privilegios.

5. Antonio Gramsci:

- "La crisis consiste precisamente en el hecho de que lo viejo muere y lo nuevo no puede nacer: en este interregno, se verifican los fenómenos morbosos más variados." — *Cuadernos de la Cárcel*. Gramsci resalta la transición dolorosa y conflictiva entre diferentes estructuras de poder, a menudo manipuladas por la pequeña burguesía.

# LA ORGANIZACIÓN DEL PARTIDISMO ES UN ESFUERZO, NO ES MANÁ QUE DEL CIELO CAE

Vivan los luchadores de Libre de los que se les oyen  su primeros pasos  en  su caminar a  la organización partidaria y popular, van a desbaratar  con  otro tipo de relación a  lo actual negativo ,  es una  voz  que se oye  en el patio de Libre y el volver a ver de  su entre su  militancia activa del partido, la    disputa a darse con los siervos  del  patrón de  su iglesia  del rey eterno y,  con  los que captaron  la idea para el  mejor relacionarse con la candidatura  de entre los suyos, puro pueblo de elegir  por los suyos, sabiendo  que en la vereda de la política  habrá de antagonismos,    del  hacer y del permanecer, los unos  con auxilios  de las   brisas de la teoría y practica nueva,  de  afectuosa  a    la actividad del  cambio que fortalece la democracia y,  los otros con el añoso  visto bueno del patrón .

Aunque  hoy  la idea  de  remover las  insatisfacciones  no logra el sentido de la vida de vivir entre  bienestar , a la  pregunta del  por qué y para qué organizar por lo anterior  es importante  por  el despelote  que  gana  elecciones para los dueños del partido, vale entonces el  reorganizar  la  patria del burgués,  donde las cosas de la política  obran a favorecer  el  diseño del  señor.

El  encuentro que se da en dos direcciones  en  la militancia: la que sigue al amo con    su  desinterés  a  la      lucha  a favor de los pueblos  y de  los que anuncian el basta con lo nuevo mejor, ¿Qué hacer contra el que objeta el bienestar del trabajador? Primero es lo que hacen el demostrar molestia  en la denuncia y luego, lueguisimo el reunir  gente, no importa el numero ,es hacer una corriente de voces que se  encauce al ambiente de los desacuerdos para  aclarar lo que se quiere para  el pueblo con el cambio, y   de lo  de mal actuado por las  elites y  caudillos que solo  fijan la pobreza con la explotación al trabajador y  auxilián  con el Estado a estos  grupos poderosos que representan y  que se turnan, para seguir con lo mismo, por tal urge apoyar a lo  joven a la urgencia del tema del demócrata,  del que hacer  para cambiar .

Se oye hablar de la necesidad del transito pero se hace nada  entre muros   de Libre, en el  priva el  desorden  en el  orden que promueve el jefe , que le da resultado  de éxito  su tal  forma de desorden de organización electorera, al  eliminar la organización. Cruzar esta   línea de puntos con lo continuo de la ética  es subvertir  lo establecido por los que mandan.

Se hace necesario lo  que se oye y  dice que  el partido es  de todos, pero en este  partido tradicional el  titular  se encarga de echar a la barranca  el  organizar con  su manera liberal de actuar solo y con los mandaderos a   cuidar  las mesas electorales y  los votos de los que eligió él como dueño.

Entonces de esta  realidad  se afirma que los   partidos Liberal, Nacional y Libre son  partidos  de esos  del cuidar votos,  la forma liberal de hacer partido   electoral en Honduras,  sumando a lo que se entiende por democracia a lo cachureco.

El PSH no es  organizado deja sus votos al garete es otra forma  de mandamás   Pero hoy la idea que nacida en la legislación de Reina que  no se  le ha puesto importancia, es una  medida de tímida reforma que pudo y puede desarrollarse a favor de la nueva forma de poder. El Cabildo, ese es hablar de  otra forma  de organización, que debe de remozarse con ideas que  vengan  de la lucha popular, de paros y de tomas, sin miedo a lo hiriente  de cachurecos,  el partidismo de nuevo tipo a darse es de la gente  brava a  lo nuevo, a luchar por  representantes surgidos de los comités de barrio a los Congresos departamentales a instalar,  a legislar en  su jurisdicción de  sus municipios.  Libre deberá pasar  de mero partido electorero  en el partido  que se agrupe en el concierto de la nueva democracia de los congresos y comités populares.

Es modelo de la novísima invención de democracia popular para esas voces de partido que claman por el nuevo tipo de reuniones periódicas activas de todo la barriada con debates de la comunidad como programa político revolucionario, no a lo Mel, sino el de crear liderazgos ratificados por las asambleas que reconoscan las virtudes de los militantes y premiar con más trabajo solidario, a suceder la selección de diputados de dedo por orden del dueño que hace y deshace del partido, a luchar por un nuevo líder de barrio o de organizaciones sociales contra el líder impuesto.

Por qué necesitamos del partido de nuevo tipo, en Libre donde no cuenta el hombre como humano sino el afán de enriquecerse más si su pedigrí es de calidad burgués, reconocido para obedecer la decisión del cacique es darle su satisfacción .

Estos pocos luchadores de Libre tienen una tarea inmensa en la soledad del indiferente, de una democracia a explorar sus bondades en las reprimendas conservadoras al Cabildo y convertirlas de servicio al Alcalde en arma de liberación. Viva el Cabildo por su lucha.

# HERMINIO DERAS Y LA INTERSINDICAL

Diré al crédito histórico de la clase obrera, lo que lleva a sus hombros de carga de lucha por la revolución, y lo del lodo a limpiarse que debe, en este momento que es victima del engaño y de la falsa conciencia que el sistema le inyecta.

Me toca denunciar sin tapujos a la dirigencia que le dio cabida y aupó el marchar en la compañía del burgués, que de marcha lo que se dio en caminata, hablo de caminata, un contratiempo como encuentro que los hizo caer en el pozo del oportunismo, en un malacate al estilo de Lepagüare y, que a su pestilencia espiritual a derivarse la sofocaron , en este caso, con mantas y pancartas alusivas a la fecha. Hablo de lo que y de los que olvidaron la resolución de proletario, por la del militante del solio burgués liberal que con su son ideológico le pudre la reflexión. .

La ética tradicional, oprime al interés obrero.y las excusas, son el discurso de apologistas que suenan en el patio proletario a hacer soñar a los marginados con la socialdemocracia de Mel, ¿y a favor de quién luchan?, lo dicen a favor de la armonía, contra la lucha de clases, lo que hacen izar la bandera de la conciliación, que cercan al trabajador con el abrazo y la palmadita a la espalda a tal gratitud, los es hacen pisar el terreno del sometimiento y al pensamiento lo manejan con la usurpación de intereses.
Es una guerra entablada del rico contra el obrero con sus medios a su disposición utilizando al partido burgués, se tomán espacios ideológicos en la clase trabajadora del agradecer caminar con el patrón, fue este 1° de Mayo, fecha que quedará como el día de

la consumación del abjurar a la independencia del obrero y del pasear bajo ardiente sol como politico.

.

El paseo de mantas y pancartas escondían que todos eran emes 28, ya que interés contrapuesto de las clases lo olvidaron los olvidadizos, tomaron en el hoy el cálculo y en su obrar político tradicional liberal se aglutinaron como nuevos clientes, del gobierno clientelar.

Libre llevó su ruido político como grillo a los reunidos que hicieron el paseo de la clase obrera, en este primero de Mayo,, ruido soportado por oidos atentos a las mismas cantaletas eximidoras de responsabilidades, llenas de demagogia y de oportunismo, que en su todo lo engalanaron para lucir divorciados de los campeños, de mil novecientos cincuenta y cuatro, y de la revolución.

Quienes oirán esta mi voz escrita y que con la hoz saldrán a desbrozar de la mala hierba (el oportunismo) la siembra de hombres campeños para el partido obrero.

# UN LAUREL A QUIEN LO MERECE

La llegada de la socialdemocracia como pensamiento e institución, hoy Libre, se anunció desde 1982, tal cual es como pensamiento burgués. Recordamos a Pastor Faquelle como personalidad democrática y luego se aparece en estas tierras después como necesidad de proyecto democrático. Digamos que arranca desde la Alianza Liberal del Pueblo (ALIPO), proyecto de la burguesía sampedrana que se elevó con su secretario general Jorge Arturo Reina, quien dio su pelea política continua para el próximo paso con el M-Lider, siempre en lucha contra el lado oscuro del liberalismo, el Rodismo. Enfrentado por el pensamiento democrático, se forjaba la conciencia de unidad del pensar democrático en nuestras fronteras. En esta patria de los conservadores se dio pelea como movimiento interno de la Izquierda Democrática que se posesionó de la dirección del Partido Liberal, con Carlos Roberto Reina, pero jóvenes liderados en la academia a su par con Jorge Arturo y entre ellos, Juan Antonio Martel, Rosendo Edgardo López, Moncho Sarmiento, Aníbal Delgado Fiallos, hacían emerger desde las cavernas del Rodismo una tenue luz inspiradora. Es decir, hablo del recién nacido que daba pininos del pensamiento del siglo 20 y que en el siglo 21 se reencarna en Libre, el socialismo democrático que después de dar batallas en el partido liberal, siempre en lucha democrática, de "dinero contra vergüenza", se hace personería y batalla como partido tradicional de gran fortaleza con Mel.

Justo es decir plantear que como nosotros los marxistas brindamos reconocidos méritos a Lenin y a Mao, hablo de los partidos socialistas, el fascismo honra como desprecio a la humanidad a Bandera y Hitler por fascistas de Ucrania y del mundo. Bien vale el mismo y más elevado gesto local, pero igual de significativo, honrar en Libre al líder Jorge Arturo Reina Idiaquez, cofundador del FRU, director del CUEG, rector de la Universidad de Honduras, antisomocista y luchador y orientador con aquella su "pandilla" de jóvenes que hacían la diferencia en el Alma Mater que transpiraban a socialdemocracia en este país del pensar que ahora hace gala el liberalismo en Libre. Honrar vale darlo a quien merece, es un derecho histórico deparado de grandes a sus grandes líderes, es el saludo de una militancia que saluda su historia. Reciba un abrazo y un reconocimiento de la HORMA, JARI.

# LOS ENTRESIJOS DEL POLITIQUERO

Quedó claro lo ensombrecido que había en la población, de lo que llaman libre elección. Hoy, en este gobierno, continúa la injerencia histórica que da cita a la imposición en los poderes que dicen independientes: el Congreso y la Corte de Justicia, dos de por siempre sumisos y dependientes al fragor del Presidente. Así sucedieron siempre y así suceden hoy en lo tanto a la directiva del Congreso, como en la elección de la Corte Suprema. Aparece vinculada de plano; el Banco, el narcotráfico y la afinidad de dinastía. Es como baleada untada de todo, pero untada, poco pero válida. Así el gobernar actúa con sus salarios que legaliza el efecto y hace simple la tradición conservadora al pagar, al repartirse el queque con el slice más grande al Gobierno. Esto es mío, esto es tuyo. Así es de cruda las relaciones entre conservadores y conservadores, parte del golpe de gobierno (Coup du gouvernement). No sólo hay golpe de Estado, también de gobierno a la legalidad, que rompe los pesos y contrapesos en la República por la vía de la imposición. Se hace a manera de negociación, avivando el chantaje con su justicia y con el engaño, como lo sucedido en los dos poderes restaurados a la fracción de Libre, que se los cedieron a la voluntad del ejecutivo. Hoy estamos frente a lo omnímodo por ventura de lo "legalizado", se diría, que es el trato merecido a la dictadura, con un solo puño golpear mejor. Pero de lo que no nos habla es de que las cosas no cambian su contenido real de coerción en estas luchas políticas a merced de los politiqueros, que hacen eternas estas burdas transacciones de comerciantes al contado, donde algunos con su voto a la oposición se hacen esperanzados de regalías u otros quizás salvan su extradición, con su voto sin luchar al igual que hoy los cachurecos por el monopolio de la administración del Estado. Hoy dan atol que lo endulzan con la democracia, con esa que hoy es vieja, decrépita y se da a ser lucida dentro de su Estado. Es la más útil para el gobernar a placer de: una persona, un grupo (mara), un partido o una familia, sea con alianzas abiertas, encubiertas y de hecho en lo claroscuro de la mente del pueblo. Toda la política la arman en las bambalinas en su democracia donde no aparece la inclusión más solo en la palabra del demagogo. Con ella imponen las acciones del seguidismo que no emana de políticas de masa, solo a capturar la voluntad. Es el caso de Honduras que las realizan en nombre del pueblo sin su beneficio.

El discurso lo forjan en lo más recóndito del pabellón de la secta. Toda la política es secta, no deja entrar la luz del debate colectivo. Diré que es a la manera de agujero negro, de oscuridad total. En él se pierden los pasos, las intenciones, la verdad de la voluntad, de lo más humano, perdidos en la ambición y en hechos torcidos en la maleza de la inequidad, que de entre almuerzos y cenas opíparas olvidan al hambriento. Todo es manipulado en la mente, desde el abrazo y la sonrisa hasta el fin que manifiestan. Lo hacen diluir al coro de fanáticos y del liberal ambiente de calumniadores que adormecen la razón dialéctica.

La verdad la transgreden en el púlpito de la moral, pecan y hacen caer desperdicios de impunidades a la mesa de la corrupción que las solazan, las bailan y cantan al son de aleluyas al socialismo de la dinastía, que es de aprovechamiento a gobernar y darse la gran vida de consumismo, respeto y sabiduría. Nos rodean soldados en primera fila a presentar la batalla del régimen en su arrestar la crítica y dar trompetas a la obediencia y a la buena nueva de su democracia.

Dios nos salve de la farsa y de los farsantes y de los que no saben lo que pasó en este "elegir", si fue imposición o repartición. Es la era del dormido, en clase que no ve a la clase vaciar sus intestinos en el destino del trabajador. Es era de nuevos encopetados a andas de hurras y vivas al hacedor de nada, lo vitorea, por su bisutería en pos de la conquista del voto, es su máximo interés en su arribo a Guaymuras, lo demás es conquista.

Que Dios, por mi opinión, me cuide del montón el , de garras y pico corvo, de su celo politiquero que blande el insulto por principio.

# Sin tener plazo, se da de tumbos.

**Sin idea de enemigos y de oposición, no traba la transición. La dependencia surfea en aguas adecuadas.**

La obra magna en Honduras está asociada al porvenir de la revolución social. Es el objetivo más humano de hogar jamás concebido por gente que no sea socialista. Su calor alcanza al renuente como al presto. He ahí lo humano de cambios sociales y económicos que sentarán a más gentes y mejores tratos a la mesa, departiendo bienestares. Solo se realizará con la guía del político colectivo, del que no remonte la etapa de desarrollo con la desesperación cortoplacista o con lucha política conducida por la sinrazón. Aquí pone su óbolo la madurez, la estrategia política, la solidaridad y el mando colectivo, surtido de innovaciones a relucir su paso firme, su audacia y lealtad de clase, de por hartura al trabajo no remunerado, al desempleo, a precarios salarios y a precios de la canasta básica inalcanzable. Esta mixta lleva a la angustia y al asentimiento de ideales y objetivos, a lo que le toca de vida en la casi vida, que ve y siente su pasión a que lo urge a la ascensión política con un partido que no hable de esperas por comodidades que gozan sus insustituibles, ni abandono al combate hasta nuevo tiempo por no haber condiciones subjetivas y bla, bla, bla.

No, el partido marxista se dispone al enfrentamiento a lo que el momento demande en el ruedo de la democracia y de la verónica a la soberanía popular. En esta farsa dilatan pesos y contrapesos en la balanza descalibrada. Estamos frente a un pueblo que descarrilaron y de siempre presto a la insurrección en debates, congresos y plenos partidistas, al luego izar la bandera roja de la liberación de la conciencia, y lista a las calles a llenar de poder en cada su paso y barrer los tropiezos de la censura autoritaria que ponen los partidos a la militancia con la disparatada disciplina al gozo del interés del grupo, que se hará con la escoba de la libre crítica interna y al no del fanatismo con la tolerancia y la reeducación. Este actuar socialista acoge al todo sin temores y a todas las diferencias con la voz de libertad política, al hombre dentro la defensa del ecosistema de predadores de la cota al bosque y con este preámbulo a elevar la producción, golpear la dependencia y dignar lo humano al servil de cabeza gacha, de pies engrillados, del hondureño y detrás lamiendo politiqueros que les han trastabillado su sueño en un cartón por cama y un dictado por destino.

Es tiempo de libertad, de andar y tomar el altivo porte, es hora de reconstruir el partido y dar la pelea por los derechos, deberes y ambientes de solidaridad. Presidenta, vaya en pos de la nueva parcialidad con el pueblo y sepa unir lo diverso en el uno de interés proletario. Sea en esta asociación de trabajadores una que deba lucir el talento clasista, en lo urbano y en el campo, tómese la cima y exija el presente con protestas, haga tronar ollas vacías y luche contra la dictadura solapada en su silencio de leyes y constitución burguesa. Es la marcha de la voluntad liberadora y de la autocrítica a la imprecisión ideológica, sea entonces su clímax que levante el carácter a la inclusión veraz y de nueva democracia. Todo por la independencia popular, que resuene, digo, en su voz el antimperialismo y la dominación de los grupos. Por Honduras, presidenta, sea portadora de la nueva buena, hable al mando único, a lo colectivo, menester al partido de la democracia directa en Honduras, a la clara estrategia de la insurrección pacífica, véala en el cabildo abierto de cada gobierno local, vea de su poder de limpieza que arrincona al liberalismo que boga ligero por rápidos que fluyen de la costumbre, del elegir en términos de fraude democrático, trate de construir el nuevo Estado, sin la tregua del pasar por alto las políticas del enemigo de clase, confundidas como oposición. Al primero se golpea, con el segundo se negocia y sabiendo de tal enredo, abra la mente a la plática con el opositor y el garrote al enemigo y en tal luz alcancemos el hacer huir el ayer de miserias.

Digamos de la insurrección, sí, de limpiar vicios liberales con luchas a idealismos a mandos paternales y genuflexiones al sistema dadora de ínsulas y premios al hombre doblegado, sin respuesta moral, a lo nacido de la mezquindad profunda, de la élite que adversa al olor a pueblo, el tanto del trabajo y al triunfo a sucesos de expropiación a los expropiadores a recaudo del poder nacional. Hagamos vía reformista, con reglas del reformismo burgués para su desarrollo social de producción y democracia a la transición socialista; y démosle alientos a la nueva propiedad: privada y pública en políticas de Estado a su interacción con la reforma que rompa, remiende e hile el enriquecimiento y la vida modesta en el pueblo. En esa dirección demos los pasos del carácter, de la negación a seguir de traspatio y de cruzada de pobreza de dependencia por enemigos que cultivan la congestión del desamor y la burla a la patria, volemos por los aires a viejas acumulaciones y a anticuadas relaciones de esclavitud salarial regadas del llanto, la angustia y el hambre del niño y de la madre soltera con el ¡¡hasta aquí!!

Juntos e inmersos en esta transición a la independencia en definitiva debemos marchar, y al particular momento de hacer teoría a encontrarnos, como Moisés con los mandamientos a la batalla por la Constituyente al mediano plazo, con un partido que no tartamudee la táctica en el presente, sino que vaya con una clara conciencia, en un claro hacer y en un claro no hacer, eso es renunciar a la improvisación, no ir a lo que salga, con la lógica del tartamudo reformista y liberal embalado a dar de alta los tropiezos del subdesarrollo, es la idea del que no ve más allá de sus narices. Se trata, subrayo, se trata de independencia, de la vida a la que hay que alumbrar a la gente, con el saber marxista dialéctico del cambio por la producción, no alumbremos el camino con candiles de luces mortecinas del subjetivismo, del yo quiero oportunista e irresponsable, este es un combate por la vida con el cómo y con el porqué, a dar muerte a lo confuso, a sustituir la "otra Honduras", no con el mientras conservador, que aún fluye a la conquista simpatías en la población y en la fanática que dormita sin criterio político que la avispan con el vestir y el actuar en pasarelas psicológicas y con las visiones televisivas, en el rededor de la sugestión y de lo ambigüo, así luce la i sin tilde, de colores abigarrados en el cerebro de los mal alumbrados por la inflexión y al tiempo de la conveniencia, digamoslo del borrón y cuenta nueva, que es manchón por lo que se repite como sabiduría amancebada con ocasos que se repiten y se repiten como sonsonete y de y para la conciliación tradicional, en un mundo de luchas, que lo hacen hacen paréntesis al pinchado en el cartel de héroes conservadores, de inflados y aplaudidos y siempre conservadores del mundo dependiente, con chiribisca adoran al olvido y el perdón de los hechos testarudos.

# Un breve manifiesto de aportación a la Presidenta

**Renovar el partido a los tiempos de insurrección.**

**Hacernos uno con el programa de la Presidenta.**

**Fomentar y luchar por la reforma socialista.**

De la cita con Guillermo en un café y de lo hablado entre volutas de vapor aromático y el gusto amargo del grano, digo de esa plática este sábado 28 de enero, del discurso ciudadano a expresarse en la patria nueva y del respaldo a la presidenta, dos máximas que ajustaron el tiempo de la cita y de los sorbos a darse. Así le dimos compás al tiempo y al hablar del quehacer a favor de Honduras. Hilamos frases en oraciones a favor de la gestión de la Presidenta de Honduras, entre atentos y despreocupados ánimos que place el café a los problemas que enredan el paso y dificultan el andar ligero. Es el caso de nuestra presidenta, que lucha como el ángel Gabriel con el mismísimo demonio conservador, el enemigo de los tiempos de bienestar y de la independencia.

Lo dicho con el amigo educador venido de vientos frescos del anacahuite en San Nicolás, con ideas en el cubilete de la noticia y de la reflexión del día al atropello de la democracia y al partido político de los nuevos tiempos a la obra de la reconstrucción y de otras al azar tiradas a la mesa que sumamos tal mezcla que la hacen los tiempos de lo trivial con lo relevante. Así, el refundar de Honduras se revela en la charla, hasta apersonarnos a la observación del golpe principal del enemigo, el tropezar en el pie de la contrarrevolución a la presidenta y de la canalla a despersonificarle su labor al camino de su táctica de anarquizar la administración y unir en un haz de conservadores de toda laya al enfrentamiento entre hondureños. Así maquinan el cómo enrolar chamberos sin chamba a la condición golpista, y de los más exaltados defensores de Libre que buscan monopolizar las oportunidades dentro del partido. Prestos nos acomodamos a denunciar la consigna de liquidar los primeros cimientos morales del socialismo, de partidarios de lo extemporáneo de alma liberal.

En ese volar viajamos a la teoría revolucionaria y a la situación que se desprende de la lucha de clases que plasma confundida con ardor en la conducta del inestable pequeño burgués, que es dominante con su gritería de indefinición marxista, que baña en el mar del conciliar las espinas del pinchar la labor de las reformas. Así restan añadiendo angustias a la pobreza y a la administración propuesta por el socialismo democrático en el discurso de Xiomara, pues es hora de levantarse a la transición.

El rato aconsejó de la urgencia de nuevas citas y con nuevos autores al hablar de las cosas que invita el reunirse y hablar del paso corto de los cambios sociales revolucionarios, de todas estas dificultades de la tradición, de lo que está a construir del algo nuevo como medio organizado con el cual ir a la política. Es decir, del partido electorero hacerlo descansar por el nuevo organizado de sostenes de deberes y derechos impulsados por la militancia de hombres y mujeres del pueblo trabajador: agitadores, propagandistas y organizadores, creados como tal fuerza política capaz de conjuntar e impulsar el trabajo diario en la dirección sin merma del programa de reformas puestas en este hacer ejército de trabajadores, de verdaderos tigres que defiendan su gobierno socialista y arresten los intentos golpistas al aire y pongan de rodillas a la preocupante renovación de fuerzas de los cachurecos que pescan en este río revuelto. La orden del día es de limpieza ideológica con la educación política.

La crítica que expresamos es de respeto, Presidenta, más cuando no exhorta al pleito vulgar, sino que a la construcción y formación de una nueva prole de ciudadanos ajustados con discurso de índole democrático y de nuevo rumbo político de hacer patria.

Que no se tome como destrucción llana esto lo dicho del partido a organizarlo, a darle vida como nueva dirigencia política en su administración, Presidenta.

# Año de la formación del partido de los comunistas

En mi diálogo con la patria, la de la triste existencia por ser ajena, en este fin de año díjome reclamando de nuestro andar lento. Pausando sus quejas, me hizo saber del deber, pensar y actuar, y en su decir por la ausencia del poder de lo primero en sus hijos, el ¡¡organizar y organizar!! a los trabajadores antes que a cualquier otra empresa. Lamentó, recalcando como niño al primer contacto con su lápiz, lo distante del proyecto de juntar y concursar a la masa vuelta a los conservadores de todo tinte en su monopolio de gobierno.

Se queja de su migración y observa lo del carácter nacional abandonado por los revolucionarios, agregando con vergüenza, afirma que hoy son decididos soldados de Mel y que perdieron su independencia como también los dueños de Honduras cuando importan la justicia y las experiencias artísticas y culturales. Este es el compás de espera del partido del proletariado, de hecho es lo de su extranjerismo, que borra la particularidad en un empeño en sustituirlo en la idea de la dinastía, del elegir y ser electo de dedo en la tal democracia de los grupos.

Arrancan cada queja de la patria, con cada desavenencia clasista y con la ilusión de lucha liberadora por liberales en la consigna que ondean, de "todos a la una contra los cachurecos", no es más que un dislate porque es contra un grupúsculo y no ponen la mira contra el sistema de partidos que sombrea con el dinero en las azoteas del rico y llevan a la dependencia.

Te confunden patria los nuevos yéndose al relumbre reformista liberal, coro destemplado de socialistas que sin diferencias de clase, ni identidades de inclusión, diría que es un tropel de iguales respirando el polvo de la confusión ideológica a su paso político que atosiga a engaños y fraudes.

Me dice de hondureños, que se pierden en el meandro de la lucha contra la corrupción del partido Nacional, pero hundidos en minucias en cuchara grande de nepotismo, punto que hace pensar en el descuido de la lucha moral. Así es de temporal este mientras del partido pequeño burgués. Me habla de este novísimo pensamiento del hoy, de la sopa liberal que priorizan el descuido al partido comunista con el plazo y del cuento del cute del mañana hago mi casa, lo adrede que conduce a la desatención de la casa proletaria.

Este presente flaco de organización y de conciencia clasista, desubica y propone el después en brazos del hoy calamitoso y de soluciones inamistosas locales de y al acercamiento gallo gallina en las relaciones internacionales. Esta mente y este cuerpo de sudores perfumados se emplea al levantamiento del social-oportunismo, como pensamiento dominante y en el que no hallarán refugio las reivindicaciones y políticas del pueblo pobre.

# EL TEMOR DE LA OPOSICIÓN
# A LA POSICIÓN CHISTOSA
# Y GOBERNANTE

La CICIH se estableció en la necesidad, como proclama de campaña y luego como propaganda del gobierno, ambas pisando lo posible de escurrirse con el voto de los ochenta y seis congresales y poner fin a esa cuenta, huyendo como el agua de entre los dedos, y como ruido de bombo y platillos en la fiesta que logra celebrarse aunque ya así ebulle como emoción de temor en los corruptos y disfraza el hecho de la entrega del país a la decisión extranjera, lo que borra lo propio de una patria, de una presencia y de una personalidad no solo mostrarse en el mapa como terreno y fronteras donde vive la emoción del voto y el entrecruce del aire enrarecido del "quemeimporta".

Digámoslo claro, se sigue el guión de lo anterior, del cómo ver la "justicia" importada y de su preferencia dependiente, así refundarán el país, desconectado de autodeterminación, sueño de los comunistas que rompiendo lo absurdo de la respuesta vacua electoral se acompaña de la insurrección en la mente del encaminado elector, en el sin destino de bienestares, al que llevan de sus carlancas a pedir en su nombre, a la ONU, justicia a la hipócrita que dice estar a favor de la paz entre los pueblos y la seguridad de entre las naciones, cuando se encoge de hombros en presencia del terrorismo imperial y cruza sus secos brazos contemplando la muerte de palestinos y haciendo mutis al fascismo que se pasea con la muerte, a esa acuden sus iguales a la ramera a escuchar repetidas promesas de cambio como a todo nuevo año.

Hablando del remilgado gobierno, de mendicantes de justicia, a la que se debe parir en la lucha interna, no surgir como limosna, que resta legitimidad a las instituciones a las que deben respetar y hacer que se respeten, hay que decirles a estos desgobiernos de mayúsculas, que no pidan a una voluntad ajena, como es la CICIH, que tal los hace subrayar la impotencia y postración de su patria. En este entendimiento propicia un convenio, a pactar en junio.

Me digo que de nuevos jirones harán a la soberanía, o a lo que queda de ella, y que han hecho colgar como chiringo viejo en un palo como asta y de un ir y venir de discurso politiquero al hondureño. Será factible esta petición y este actuar de CICI en naciones como Cuba, Nicaragua, Venezuela o en China, en Rusia y en Vietnam, o solo próspera en vecindarios sin cercas, de paso libre por la casa que ultraja la propiedad y la dignidad de independencia, bandera que han llevado al deshonor.

En la patria del fanático solo se forma su rictus de desvergüenza y de su comprensión limosnera, así se explica la aceptación en la mayoría del pueblo enajenado por la falta de valores. Aceptan la traición dando hurras al líder que las comete. No hay razón lógica para la CICI y sumarle la H a estas cuatro letras.

Citas Relevantes

**Frantz Fanon:**

"La burguesía nacional no toma en consideración la economía del país; su única preocupación es enriquecerse, en forma rápida y sin trabajar." — *Los Condenados de la Tierra*. Fanon critica cómo la burguesía, una vez en el poder, a menudo perpetúa estructuras de opresión para mantener sus privilegios.

**Karl Marx:**

"La historia de todas las sociedades hasta nuestros días es la historia de las luchas de clases." — *El Manifiesto Comunista*. Marx destaca cómo la lucha de clases es un motor de la historia, siendo la pequeña burguesía a menudo una clase intermedia con intereses contradictorios.

**Rosa Luxemburgo:**

"La libertad solo para los partidarios del gobierno, solo para los miembros de un partido, por numerosos que sean, no es libertad en absoluto." — *La Revolución Rusa*. Luxemburgo subraya la importancia de una verdadera libertad democrática, que muchas veces es restringida por aquellos en el poder, incluyendo la pequeña burguesía.

# 14. DE SEPTIEMBRE DÍA DEL BLA ,BLA Y DE SU REGOCIJO

Se dio el encuentro, la cita con el terrateniente, como dicen de su pueblo y su regocijo en el noveno mes y en su cabida fecha. Él logró reunirse con miles de espíritus que alojan el desinterés patrio. Fue el día de la gran concentración de liberales cobijados con su novísima bandera socialista y de quienes se dicen resistencia nacional y del no olvidar, auto títulos que arropó a gentes prestas a oír la idea vacía de la que "si cumple". Fueron miles de espíritus, en siete cuadras espaciadas, para luego volver de donde venían vacíos de futuro. Eso sucedió en la capital de Honduras. Los que regresaron a su localidad, de entre sus manos, con la denuncia de golpe de Estado a Xiomara y de hasta con siete intentos más puestos en el imaginario de los de sol de ellos, fue la convocatoria. En esas ánimas de enredadera de tallo que no se sostienen por sí mismos sino toman el asirse en el jefe y en motivos de su invento "socialistas".

Es el parto fabricado por las luchas reales de pueblo y burguesía nacionalista que se dan en América del Sur y que bien vale por los copistas el calcarlas como necesidad de poder del oligarca y de los desplazados e inescrupulosos empresarios que, dominando la economía, buscan el botín del Estado. Por lo que acuden con su intelectualidad a ganar la voluntad inocente y mayoritaria popular a chapotear de su lodo, y de lo que no queda de otra en el escaparse electorero o come tuna o del hambre se muere, "no hay de otra". Sucede entonces como es que lo manejan sus titiriteros, los que nos enseñaron el movimiento de seguir la huella de los mil disfraces y sucedáneos, de socialdemocracia, venerada en miles de liberales adorando al líder burgués.

Dada esa esclavitud espiritual aceptada y creada a más pobreza para que la burguesía logre vivir, es la que hace beber la indignidad del cuenco en la mano del patrón y que la airea como mezcla de vicios y trampas cachurecas en una poción, creada de moralina que llena el camino al tropiezo a caer en los brazos de la élite.

Hombres y mujeres con su indiferencia purifican el atraso y cualquier otra forma de dominación que cubra la realidad de pobreza y de angustias anegando el hogar del trabajador. De la concentración nace el evanecer las necesidades en cada una de las hurras del poblador a esconder la esencia de la presencia: 1) el reclamo de lo prometido y vetado y 2) la esperanza de bienestar que es dejada para más tarde. Es la esencia de la presencia de hondureños huraños a la crítica política.

Vivieron su contento en el discurso, su momento en su reeleccionismo, en su volver a desgobernar por lo que cada partidario llenó sus pulmones al grito emocionado de "¡Viva mi patrón!" retumbando en las calles que dieron campo a las gentes y por él ir a otro asalto con la mentira electorera.

Es la gran fiesta de oligarcas, las "elecciones estilo Honduras" que hacen acampar el presente y el pasado, borrón y cuenta nueva de lo terrible capitalista, de inoportunas denuncias por saqueos a silenciar en este idus de septiembre, de liberales de pinta socialista que expían en su asoleo la verdad del oligarca de uñas largas.

¡Viva la mentira para estar a tono con la mayoría! Viva ese amanecer que no amanece y que callado se disuelve en la espera.

Historia, que insta a una vanguardia, que no encuentra su organizar a su acudir al enfrentar proletario, en la fábrica, en el gremio y al barrio, a hacer nacer en la batalla a la consecuente oposición y buscar su poder enajenado en este mundo de delegados y de traición de los casi socialistas burgueses que vivan al terrateniente y la excusa de la pandilla de nepotismo.

¡Venid entonces dioses del templo maya, Hunab Ku, a organizar el nuevo tiempo de los hondureños, de tu primavera en el patio de los políticos conservadores de los mezquinos burgueses dependientes. Venid del cielo a organizar tu etnia y destruye construyendo la patria del terrateniente, de su familia, no vengas con pinceladas al fulano de mal trazada figura del oportunista que pesca a adormilados en aguas mansas, venid al patio a agitar las reflexiones y los debates en el régimen de la conciliación, de la autocracia de esencia cachureca en el país donde una minoría se impone a una mayoría y se elige presidente del poder legislativo, en mí y en re minúscula.

Venid enseñanzas de Lenin a denunciar la catadura de esta social democracia oportunista, que da vía libre al anticomunismo de vario pinto conservador que reniegan al movimiento de la expropiación revolucionaria por las masas.

Citas Relevantes

**Vladimir Lenin:**

"La democracia burguesa es una democracia para los ricos." — *El Estado y la Revolución*. Lenin critica cómo la democracia en manos de la burguesía sirve a los intereses de los ricos y perpetúa la opresión de las masas.

**Karl Marx:**

"La historia de todas las sociedades hasta nuestros días es la historia de las luchas de clases." — *El Manifiesto Comunista*. Marx destaca cómo la lucha de clases es un motor de la historia, siendo la pequeña burguesía a menudo una clase intermedia con intereses contradictorios.

**Frantz Fanon:**

"La burguesía nacional no toma en consideración la economía del país; su única preocupación es enriquecerse, en forma rápida y sin trabajar." — *Los Condenados de la Tierra*. Fanon critica cómo la burguesía, una vez en el poder, a menudo perpetúa estructuras de opresión para mantener sus privilegios.

# UNA NACIÓN QUE NO HA LOGRADO SER REPÚBLICA POR EL DEDO DEL OLIGARCA

"El sistema jurídico distribuye el poder del Estado en tres órganos: el Legislativo, representante de la voluntad general del pueblo que expresa a través de las leyes; el Ejecutivo, encargado de dar cumplimiento a dicha voluntad, y el Judicial, que juzga los delitos y las diferencias entre particulares." — Montesquieu.

Qué grotescas figuras han hecho de tus tres órganos, de los tres poderes del Estado dirigidos por un personaje autoritario, tan naturalmente exhibidos que fundidos son parte del proceso de democracia hondureña. Qué barbaridad.

Los han subordinado al logro del juicio clasista, al interés del oligarca, del que todo lo copa. De tal modo, que tu opinión vale cero, es lo natural en la argolla, que se da en los campos de lo diario, en los equipos de fútbol, en los sindicatos, es parte de la cultura. Vive en todos los recovecos de la vida social y en la política, siempre es conciencia transmitida por el politiquero a una masa aplaudir al ambicioso, corrupto y oportunista que desconoce el respeto a los derechos, a principios morales, por lo que lisonjea al concepto y como gato sobón a la libertad con su discurso meloso, que lleva en su fuero interno la fría ganancia, con la que guerrea al interés nacional por más estipendios y canonjías según sea el juego de utilidades. Así fue con la elección de la directiva del Congreso donde una minoría derrotó a la mayoría, con la Corte Suprema y Fiscalía que por negociación de repartos, donde los de la más alta calificación fueron orillados. En ese interpelar a la obligación democrática, el cálculo político se impuso a la moral, entorpeciendo el beneficio democrático y haciendo flaquear la norma jurídica, el respeto a la ley Constitucional. Así es en la sociedad de los líderes cachurecos apostados en la altura de los partidos políticos que surge, por así decir, en ese exhalar indignidad en la acción capitalista, que en su mal aliento lleva la miseria y a mano las promesas vacías, orillando al camino espinoso al hombre, a una relación inservible para el éxito colectivo. Su cacique es el rey Midas contemporáneo que todas las simpatías políticas las trueca en apropiación de poder absoluto, sirve a intereses oligarcas multiplicando la gran industria de los pocos que lleva la huella del atraso económico transnacional, la muerte en la variedad de dependencias y de la más miserable en las agriculturas, las tierras ociosas en las gentes que las hacen caber en sembrados de camalote.

Eso lo han edificado como natural necesario en la choza nación, los politicastros que hacen abundar la sumisión y con ella la indiferencia en la autoestima del trabajador de lo que reza de tres poderes independientes a gobernar con uno de tres y el silencio del intelectual que basta al oligarca, a la medida de su interés patronal.

Tal dificultad apuntada no nos permite marchar al paso con el mundo moderno, sino a grandes zancadas al mundo infrahumano del insaciable chicharronero, educado por la dependencia económica al imperio, al monocultivo y al "está bueno su merced". Este cultivo de espíritus a la obediencia hace del país el ánimo de esquivar el ritmo del progreso que hace trastabillar y de bruces ir con todo a fundar la autocracia, como la manera y forma de gobernar a andrajos espirituales con las normas de imposturas de la clase dominante.

Podemos entonces sentir la humedad, el lodo que de sus charcos pudre las relaciones desde vieja data, y por igual crea sus figurines responsables de la continuación de esta triste historia de la administración pública, hecha de galimatías electoreras y del sin sentido que en círculo vuelve al mismo lugar del crimen buscando la absolución. Así recurren al familión, la esfinge de enigmas del demócrata, proponiendo a la vera el absolutismo, la burla del coronar la testa del terrateniente como socialista, "vaya usted a saber," cómo se forma el ambiente de muchedumbre, que en los claros de irreflexión crea la farsa y los inmensos consensos del "todo es pa' mí", es su loca refundación del volver a refundar lo vivido de un no saber qué fundar como nuevo.

Esa es la idea asentada del mismo ayer a refundar en un hoy a descifrar en lo poco claro, en lo incierto, no trata de acabar con el insolente momento del eterno trato inhumano a los explotados donde anida la conciencia, del "está bien" al hacendado, de ese o de aquel de mirada de horizonte, con la que mide el alcance de sus propiedades, óptica que abarca a la acción del refundar propiedades, tierras y bosques nacionales a la apropiación de la nación. Es su programa en su gobierno de los mil cuentos del refundar.

Hoy cantan los juglares provincianos la historieta del socialismo democrático, que es el canto de viejos terratenientes, hoy héroes que mutilaron la República y hoy la velan al descuido de la arca del Estado, sustrayendo dineros y esperanzas del ciudadano adormitado, todo es al beneficio clasista burgués. Nos hacen el juego de "dónde está la bolita" de un igual pasado oscuro traído al presente, digamos que vienen en nuevas sorpresas de corrupción, de nepotismo masivo, no declarado que hace dormir la vigilancia en este mundo de trueque de tal magnitud de ilícitos que atolondran la ética y hacen seguir el ayer, sin República, en un cuerpo del caudillo.

Citas Relevantes

**Montesquieu:**

"El sistema jurídico distribuye el poder del Estado en tres órganos:

el Legislativo, representante de la voluntad general del pueblo que expresa a través de las leyes; el Ejecutivo, encargado de dar cumplimiento a dicha voluntad, y el Judicial, que juzga los delitos y las diferencias entre particulares." — *El Espíritu de las Leyes*. Montesquieu subraya la importancia de la separación de poderes para evitar el abuso de autoridad.

**Karl Marx:**

"La historia de todas las sociedades hasta nuestros días es la historia de las luchas de clases." — *El Manifiesto Comunista*. Marx destaca cómo la lucha de clases es un motor de la historia, siendo la pequeña burguesía a menudo una clase intermedia con intereses contradictorios.

**Frantz Fanon:**

"La burguesía nacional no toma en consideración la economía del país; su única preocupación es enriquecerse, en forma rápida y sin trabajar." — *Los Condenados de la Tierra*. Fanon critica cómo la burguesía, una vez en el poder, a menudo perpetúa estructuras de opresión para mantener sus privilegios.

# DESDE MI AUTOBÚS

Veo la pena de decenas de apurados caminantes, trabajadores y trabajadoras, abandonados, que van por un salario indigno. Son huérfanos de una dirección partidaria revolucionaria. Bajan de los autobuses y motocicletas con sus penas taciturnas, apurados por la hora de su explotación, que desconoce del ocio, de la vacación con su familia, y cuya situación no interesa a sus demás hermanos explotados.

Son personas olvidadas, de las que no se interesan los gobernantes. Son casi gentes, más son cosas, número de tarjeta y del medio comer, del vestir con ropa de segunda y del vivir en marginales viviendas. Es la angustia que produce riquezas y los de la media asta de contenidas protestas contra el estado del desempleo reinante. Son gobernados por saqueadores del erario y por los nuevos ricos; politicastros desorientadores del camino del bienestar colectivo y autores de la indiferencia al cambio social que los pone en la diana del farsante de toda índole.

La lucha del comunista en Honduras es la del caminar con el ánimo del derrumbado obediente, vuelto remolón cuando le hablamos de liberación, es cuando más se apega a las piernas del farsante. Es dura la lucha del comunista que hace la vez de renovada ilustración con candil igual a Diógenes, que alumbrando el camino del nunca posible entre bledos espinosos, jungla de corrientes sindicaleras, va a arrebatarles su influencia y hacer comprensible la ideología victoriosa. Sí, vamos con el optimismo en la voz y en la acción a construir la teoría insustituible del partido del trabajador hondureño y con ella a destruir la influencia del sicofante y de este Estado del opresor.

**¡Viva la clase trabajadora!**

Citas Relevantes

**Karl Marx:**

"La historia de todas las sociedades hasta nuestros días es la historia de las luchas de clases." — *El Manifiesto Comunista.* Marx destaca cómo la lucha de clases es un motor de la historia, siendo la pequeña burguesía a menudo una clase intermedia con intereses contradictorios.

**Frantz Fanon:**

"La burguesía nacional no toma en consideración la economía del país; su única preocupación es enriquecerse, en forma rápida y sin trabajar." — *Los Condenados de la Tierra.* Fanon critica cómo la burguesía, una vez en el poder, a menudo perpetúa estructuras de opresión para mantener sus privilegios.

**Vladimir Lenin:**

"La democracia burguesa es una democracia para los ricos." — *El Estado y la Revolución.* Lenin critica cómo la democracia en manos de la burguesía sirve a los intereses de los ricos y perpetúa la opresión de las masas.

# LA SITUACIÓN DEL SINDICATO DE LA UNAH Y OTROS

He escuchado atento dos denuncias de un dirigente en el mitin del Sitraunah, de apasionada denuncia de la actitud negativa de un funcionario de la secretaría del trabajo: los árboles no le dejan ver el bosque, no ve que Xiomara está detrás de la secretaría de Estado, y que a su través se hace el enfrentamiento de las clases que los amola. A nuestro entender, es ese el hacer en el planteamiento del dirigente que debería ser de madera revolucionaria, e izar la bandera del partido del por y para los trabajadores. Eso es pedir manzanas al guayabo, ya que no hay en la dirigencia ni en la masa tal conciencia, su lecho economista los maniata al sistema capitalista.

La situación del obrero que se expresó en la voz de su dirigente nos la dijo así: 1) que les están desconociendo su independencia de elegir democráticamente su dirigencia ante el Estado y que les han montado una dirigencia paralela que lleva la intención del reconocimiento y 2) lo más grave, que hay más sindicatos en esa misma situación de reconocer dirigencias paralelas. Lo que no les dijo es de la necesidad del partido de clase. La situación denunciada es espinosa para las luchas por mejores salarios y más para lo que se considera la misión histórica de clase, la traban en el economismo.

En la opinión del denunciante es al gusto del ministro y, disculpen mi digresión, ¿si la dirigencia paralela es por casualidad de simpatizantes del M-28? Estamos en presencia de la política neocachureca que ensaya el actual gobierno a efecto de la consideración de la intromisión por democracia, por lo que nubla a los que actúan en defensa de los intereses de los trabajadores, que no puedan ver más allá de sus narices sobre la propiedad de la política del funcionario como parte de la línea política gubernamental. Va más allá del economismo que el obrero la entiende, los dividen para luego vencerlos a su quietud, no logran romper la cinta en sus ojos ni el saber olfatear lo que se está dando como guerra de signo burgués, no logran ver su ejército del trastabillar en la lucha de clases con su miopía política. Cuida la denuncia al gobierno del socialismo terrateniente, a su línea política que arremete en contra de la unidad del pueblo, al que han dividido en contra del pueblo nacionalista, contra el liberal y en general contra el pueblo trabajador. Así vemos que van contra el hondureño que los dividen y que el obrero organizado lo ha callado, y hoy van por ellos, y en contra de la democracia, instados al silencio por la cachurecada de buenos dividendos en su lucha por la imposición de intereses mezquinos del grupo familiar.

Aún los obreros no toman conciencia de la lucha política de clases y se quedan saludando al César quienes definen su vida en el coliseo de la política, en su arena cayendo por la arremetida contra los trabajadores.

Citas Relevantes

**Karl Marx:**

"La historia de todas las sociedades hasta nuestros días es la historia de las luchas de clases." — *El Manifiesto Comunista*. Marx destaca cómo la lucha de clases es un motor de la historia, siendo la pequeña burguesía a menudo una clase intermedia con intereses contradictorios.

**Vladimir Lenin:**

"La democracia burguesa es una democracia para los ricos." — *El Estado y la Revolución*. Lenin critica cómo la democracia en manos de la burguesía sirve a los intereses de los ricos y perpetúa la opresión de las masas.

**Rosa Luxemburgo:**

"La libertad solo para los partidarios del gobierno, solo para los miembros de un partido, por numerosos que sean, no es libertad en absoluto." — *La Revolución Rusa*. Luxemburgo subraya la importancia de una verdadera libertad democrática, que muchas veces es restringida por aquellos en el poder, incluyendo la pequeña burguesía.

Jorge Alfredo Castro Portillo

# UN RECUERDO DE LOS DESHILACHADOS HIJOS DEL OPORTUNISMO

A los aduladores de los liderazgos terratenientes que se dan en la patria de Morazán, a ellos va mi crítica por lo que niegan del crear conciencia revolucionaria en el oprimido y que sentados a la banca del oportunismo esperan resultados de lo espontáneo como un deber de la indiferencia. Vengo a denunciar este silencio elocuente que dejan en este trayecto de la vida de los trabajadores los actuales oportunistas, los caídos al abismo de la farsa, los que tomaron el camino de la traición, viejos militantes socialistas que dijeron serlo, que hoy callan al marxismo y que en ese su derecho de cambiar de bandera son hojas secas desprendidas del árbol de la vida a pudrirse en el suelo de la falta de convicciones.

La HORMA habla de los que fueron figuras y no supieron tomar la brisa de la primavera para este presente, dejando atrás sus energías de revolucionar el régimen de la pobreza donde calma su sed el concilio ventajista y los espíritus del sin asirse al combate de clase. Son almas en pena que no saben del deparar histórico, seres de copias de revolucionarios que dejan el honor al cuidado del listillo que los "engatuzó" y que por su debilidad ideológica cedieron a las sugestiones de la elaborada trampa de socialismo terrateniente. ¿Dónde quedó la lealtad a la revolución? Si con las primeras brisas de frases vacías y trasnochadas ideas, huyeron del sueño socialista a ser cola de ratón y aupadores militantes del silencio.

Amigos de colectivos de adentros celadores de la cruz gamada, en estos lares se desenvuelven como frágil hoja, los antes acompañantes que llevan al olvido de la lucha leninista, que apuesta al marxismo invariable y consecuente que va a la carga del burgués y a la derrota de la clase opresora de la conciliación de clase, puesta al descubierto por las primeras declaraciones presidenciales al pueblo y a ellas se ven postrados.

El partido de Lenin no es un momento, es una vida y no es venia al burgués, es lucha y no arreglos de amistad. En el hoy los oportunistas renuncian a tomar la herencia de los revolucionarios, y cuando les toca hablar es a nombre de la traición. LA HORMA los conoce como espíritus llenos del "di tú primero". Les digo que razonen con su autocrítica y se identifiquen con la lucha de los patriotas hondureños y de reconocidos marxistas leales a los trabajadores.

Citas Relevantes

**Vladimir Lenin:**

"La democracia burguesa es una democracia para los ricos." — *El Estado y la Revolución*. Lenin critica cómo la democracia en manos de la burguesía sirve a los intereses de los ricos y perpetúa la opresión de las masas.

**Karl Marx:**

"La historia de todas las sociedades hasta nuestros días es la historia de las luchas de clases." — *El Manifiesto Comunista*. Marx destaca cómo la lucha de clases es un motor de la historia, siendo la pequeña burguesía a menudo una clase intermedia con intereses contradictorios.

**Frantz Fanon:**

"La burguesía nacional no toma en consideración la economía del país; su única preocupación es enriquecerse, en forma rápida y sin trabajar." — *Los Condenados de la Tierra*. Fanon critica cómo la burguesía, una vez en el poder, a menudo perpetúa estructuras de opresión para mantener sus privilegios.

# ARRIBA LA REVOLUCIÓN DE JULIO

El 14 de julio del año 1789 cayó en asalto popular el antiguo régimen feudal y, con sus escombros, se levantó un nuevo modo de pensar económico y la política del salario. Era el nuevo trato burgués que se presentaba, rompiendo su símbolo del terror, la Bastilla. En ese sismo se destruyó un sistema y nacía otro, creando un nuevo liderazgo al pueblo, la fuerza material que llevó la lucha contra la monarquía a cuya destrucción se anunciaba en las ideas de: d'Alambert, Diderot y lideradas por Robespierre y Danton, primeros y segundos en una sola línea de continuación que cuajaron los ideales en tres grandes principios: Igualdad, Solidaridad y Fraternidad.

Esta histórica fecha a ser celebrada y copiada por los pueblos, en lo que toca a la destrucción del Estado y a la elaboración de la prioridad de la teoría de la revolución en su particularidad, es el caso de Honduras. Como nos lo enseñaron los triunfos de Rusia y China, nos dicen que el combate se inicia por la independencia y lealtad a los principios de clase, y con el material de nuevos liderazgos y de nueva democracia a ser plasmada por los trabajadores en el poder.

Es en el combate diario que libra el trabajador del campo y la ciudad que se forma el frente de lucha en contra del marginamiento. Líderes de la talla de Lenin, Fidel y Mandela son quienes nos enseñan de qué material se hace la obra de la revolución y de qué líderes ha de ser el pueblo que se forjan como la espada en el yunque del herrero, templados por la doctrina y martillados por la represión y en las ergástulas. Es en esa academia de la vida como se forma el espíritu contra el burgués y, así antecedida, se suceden los ideales éticos, democráticos y de la inclusión, que es con ellos que se alumbra el camino a la estación primera del poder proletario y el subsiguiente paso al objetivo de la liberación socialista del y con el hondureño.

Nuestros líderes deberán ser hijos de un vientre de lucha clasista y criados en los enfrentamientos económicos contra el burgués y el ambiente vulgar de la componenda entre líderes cedidos por maquinación y manipulación dominante. Ese es el caso de la familia Rosales Castro, venidos de la tala del bosque y de hogares conservadores que en política se aunaron en un estado mayor de liberales pringados de reformismo y de un no se sabe de qué de lucha "revolucionaria".

Si vamos a marchar con la historia, debemos entonces aprender de los pueblos liberados, como Vietnam, China, Cuba, etc., y no repetir como loro sus experiencias de estrategias, sino de su estudio crear nuestra originalidad. Así nos sabremos aconsejar contra el dogma y ponerlo de pie ante los hechos. No podemos lo imposible de levantar nuestro futuro con líderes blanqueados que nos hablaron de su socialismo y de una militancia rendida a su altar y al adorar sus espantapájaros de sus maizales que cuidan los sembrados en los terrenales del terrateniente.

Estamos frente a un gobierno salido de las verdades esfumadas y del subjetivismo embriagado de poder, es un neocachurequismo distanciado de los derechos de elegir y ser electo por asambleas populares y que por su identidad con la indiferencia levanta un viejo trapo por bandera democrática al modo del Partido Nacional. Esa es la escuela que nos heredan, la de la negociación comercial, la del cambio por trueque, la del "te doy pero me das", una relación del acto irreflexivo de la burla a las fronteras del cometido cambio social.

En el hoy, Honduras permanece en la burla de república bananera porque en ella confluyen la falsa democracia hasta el tope de cachurequismo que viene de un pesebre anti pueblo, y una estrategia oligarca. Nos toca a los revolucionarios combatir tal vieja escuela del oportunismo y del social populismo, y llevar la democracia al honor del Cabildo y de Congreso de los gobiernos locales incluyentes

Citas Relevantes

**Karl Marx:**

"La historia de todas las sociedades hasta nuestros días es la historia de las luchas de clases." — *El Manifiesto Comunista*. Marx destaca cómo la lucha de clases es un motor de la historia, siendo la pequeña burguesía a menudo una clase intermedia con intereses contradictorios.

**Frantz Fanon:**

"La burguesía nacional no toma en consideración la economía del país; su única preocupación es enriquecerse, en forma rápida y sin trabajar." — *Los Condenados de la Tierra*. Fanon critica cómo la burguesía, una vez en el poder, a menudo perpetúa estructuras de opresión para mantener sus privilegios.

**Vladimir Lenin:**

"La democracia burguesa es una democracia para los ricos." — *El Estado y la Revolución*. Lenin critica cómo la democracia en manos de la burguesía sirve a los intereses de los ricos y perpetúa la opresión de las masas.

**Fidel Castro:**

"La revolución no es una palabra sino un acto, no es algo que se espera sino que se hace." — Fidel Castro. Castro subraya la importancia de la acción y el compromiso en la lucha revolucionaria.

**Nelson Mandela:**

"Ser libre no es solamente desamarrarse las propias cadenas, sino vivir en una forma que respete y mejore la libertad de los demás." — Nelson Mandela. Mandela resalta la importancia de la solidaridad y el respeto mutuo en la lucha por la libertad.

# A LA ESPERANZA FORMADA EN LA ACADEMIA

Nos dicen los quedados a los que luchamos por la patria del trabajador, por el socialismo marxista, de por ello el enemigo de clase, abierto y embozado, nubla nuestro andar en este tiempo de los enemigos de la lucha abierta y con la fútil. En las páginas que creemos aptas para barricadas, nos las tuercen con los indiferentes y oportunistas, con sus buenos días y sus buenas noches deseados al hogar proletario. Por allí se van hasta tocar las teclas del desinterés al debate y el hacer obviar la conciencia revolucionaria.

Para el caso de la página, FRU, por siempre, el de extensos horizontes de anti oligarcas y anti imperialistas, nos da su espíritu de respeto a la opinión y da cabida, si bien a lo importante de sucedidos sin hacer relevancia educativa, pero no prioritario al significar el propósito de cambio social que limita el espacio de la página con el recreo. En el pleno combate con el burgués y terrateniente, con los que aplazan la revolución con su reformismo burgués de media asta, traza la línea oligarca de la indiferencia que trunca su democracia, el poder de la mayoría, a la moral con su corrupción y nepotismo y a la reforma social con el olvido.

Por todo esto anterior bien vale el debate en nombre de Robleda y de todos los héroes caídos en la lucha revolucionaria un giro a los ánimos del bienestar colectivo sino.

Venga la juerga y dancemos por el socialismo democrático, y que siga el sainete. Que el titiritero se actualiza.

Citas Relevantes

**Karl Marx:**

"La historia de todas las sociedades hasta nuestros días es la historia de las luchas de clases." — *El Manifiesto Comunista*. Marx destaca cómo la lucha de clases es un motor de la historia, siendo la pequeña burguesía a menudo una clase intermedia con intereses contradictorios.

**Vladimir Lenin:**

"La democracia burguesa es una democracia para los ricos." — *El Estado y la Revolución*. Lenin critica cómo la democracia en manos de la burguesía sirve a los intereses de los ricos y perpetúa la opresión de las masas.

**Rosa Luxemburgo:**

"La libertad solo para los partidarios del gobierno, solo para los miembros de un partido, por numerosos que sean, no es libertad en absoluto." — *La Revolución Rusa*. Luxemburgo subraya la importancia de una verdadera libertad democrática, que muchas veces es restringida por aquellos en el poder, incluyendo la pequeña burguesía.

# EL ESPÍRITU DE LA INDIFERENCIA AL CRÉDITO BURGUÉS ES LO REAL

Me parece bien comentar lo sucedido, de lo que viniendo del predio que un amigo lo trabaja sembrando ahincos y sudores de esperanza, del luego venir de la propiedad.

Entablamos un concursar de plática, entre tanto es mi deber reconocer la cualidad del dialogante, que suma su historia de actividad revolucionaria, de líder estudiantil del FRU, lo que daba sal a la plática, la ambientaba con el respeto por su haber de tantas luchas libradas contra una realidad nacional ingrata, por la que asomó su hablar de hartura de engaños y de las indiferencias gubernamentales hacia los pobres, en especial a los de su comunidad al sur de San Pedro.

Confesó en un dejo de impotencia que desilusionado no halla su espíritu ni su fe combativa de ayer que les fueron victimadas en el campo del engaño y del desinterés que domina el enemigo-amigo oportunista, que nos dijo ser amigo y gobernante más calculador que íntegro, sumándole su verborrea socialista, su mejor atractivo en los trabajadores los más prestos a votar por la reelección que el del empezar al camino de la refundación olvidada en los latifundios.

De lo anterior sabemos cómo saben empujar el brío los socialoportunistas y al pobre asalariado desgañitarse en sus vivas que hacer lo suyo, lo que hace más empinado iniciar el camino independiente.

Me decía que la suma mencionadas manos de oportunistas hacen casi invencible la débil y desdentada democracia neocachureca, la sin ápice de ética revolucionaria, la del atiborramiento de borrones y vueltas al engaño colectivo.

Repetida es la idea de tu denuncia que leo pero te digo que nadie se interesa en discutir lo del error o del acierto de tus notas, lo simple y llano es que te mueves en un medio de entre la indiferencia y el mientras en su hamaca vivando al burgués terrateniente.

Citas Relevantes

**Karl Marx:**

"La historia de todas las sociedades hasta nuestros días es la historia de las luchas de clases." — *El Manifiesto Comunista*. Marx destaca cómo la lucha de clases es un motor de la historia, siendo la pequeña burguesía a menudo una clase intermedia con intereses contradictorios.

**Frantz Fanon:**

"La burguesía nacional no toma en consideración la economía del país; su única preocupación es enriquecerse, en forma rápida y sin trabajar." — *Los Condenados de la Tierra*. Fanon critica cómo la burguesía, una vez en el poder, a menudo perpetúa estructuras de opresión para mantener sus privilegios.

**Vladimir Lenin:**

"La democracia burguesa es una democracia para los ricos." — *El Estado y la Revolución*. Lenin critica cómo la democracia en manos de la burguesía sirve a los intereses de los ricos y perpetúa la opresión de las masas.

# EN PLÁTICA CON UN AMIGO

Manifestaba en el charlar del hoy ayer, lo de la cortesía del águila calva referida a la posibilidad del afecto, llamémoslo así, del juez del imperio, Kevin Castel, al criminal de Estado y de la moral, JOH. En su sentencia condenatoria, la dictó con un perdón entre bambalinas, cuando no rugió la cadena perpetua del duro juez al que llamaron yuca. En las tres acusaciones del fiscal, terminaron con nueva rosca con tarraja, la que hicieron girar una vuelta, la suficiente para avanzar al acto seguido, el de la colaboración eficaz, que al después y pronto tendrás, en espacio de tiempo corto en forma relativa, al dictado y a corruptos de todos los colores tomando café maya con su Ana.

Así tratan los imperialistas a sus lacayos. Diría que son condescendientes con sus amigos, a los que están listos a seguir machacando al pueblo. Así fueron con su terrorista Luis Posada Carriles y por qué no actuar igual con su títere JOH. Así harán valedera la consigna que se hizo actual y extraterritorial el "¡You home, JOH!". Todos aquellos vulgares analistas pasmados y no siempre melistas, pero sí pazguatos, daban por sentencia una cadena perpetua. Siempre le vi su lado amable del repetir la consideración del susodicho cubano gusano, que murió de viejo por las calles de Miami al dictador.

Citas Relevantes

**Karl Marx:**

"La historia de todas las sociedades hasta nuestros días es la historia de las luchas de clases." — *El Manifiesto Comunista*. Marx destaca cómo la lucha de clases es un motor de la historia, siendo la pequeña burguesía a menudo una clase intermedia con intereses contradictorios.

**Frantz Fanon:**

"La burguesía nacional no toma en consideración la economía del país; su única preocupación es enriquecerse, en forma rápida y sin trabajar." — *Los Condenados de la Tierra*. Fanon critica cómo la burguesía, una vez en el poder, a menudo perpetúa estructuras de opresión para mantener sus privilegios.

**Vladimir Lenin:**

"La democracia burguesa es una democracia para los ricos." — *El Estado y la Revolución*. Lenin critica cómo la democracia en manos de la burguesía sirve a los intereses de los ricos y perpetúa la opresión de las masas.

# QUE SOLOS SE QUEDAN NUESTROS MÁRTIRES CAÍDOS EN LA LUCHA ANTIIMPERIALISTA

Que solos se quedan nuestros mártires caídos en la lucha antiimperialista, sumados por la operación Cóndor que libraron las FFAA en sus persecuciones, secuestros, torturas a patriotas que hallaron la muerte a su captura por la patria soberana.

Ni una corona en la tumba del combatiente, ninguna honra a sus combates de socialismo hay en el gobierno de Libre. Es que olvidan la génesis de aquel ejército de ciudadanos que lucharon por la venida del Presidente, que con su sangre forjaron el futuro y el hacer la patria del trabajador. Es del no olvidar nunca que de aquellos combatientes y comunistas que legó la academia a las calles contra el golpe de Estado, de encabronados socialistas surgidos de aquel FRU, CLES y FESE de siempre combativos que abrieron sus pechos con el basta y así pusieron los muertos ayer, nuestros muertos de conciencia de cambio que chapearon el camino para la lucha del 2009. Tantas voces procreadas que inundaron las calles de indignados creados en las aulas y de estas a los pobladores, que juntos tuvieron el cielo al que irrumpieron con "abajo la dictadura" donde el temor se abandonaba con la lucha. Que sin brújula heredaron a la casualidad, al más tragón a un recién llegado terrateniente.

Citas Relevantes

**Karl Marx:**

"La historia de todas las sociedades hasta nuestros días es la historia de las luchas de clases." — *El Manifiesto Comunista*. Marx destaca cómo la lucha de clases es un motor de la historia, siendo la pequeña burguesía a menudo una clase intermedia con intereses contradictorios.

**Frantz Fanon:**

"La burguesía nacional no toma en consideración la economía del país; su única preocupación es enriquecerse, en forma rápida y sin trabajar." — *Los Condenados de la Tierra*. Fanon critica cómo la burguesía, una vez en el poder, a menudo perpetúa estructuras de opresión para mantener sus privilegios.

**Vladimir Lenin:**

"La democracia burguesa es una democracia para los ricos." — *El Estado y la Revolución*. Lenin critica cómo la democracia en manos de la burguesía sirve a los intereses de los ricos y perpetúa la opresión de las masas.

# AL CAMARADA QUE NO HALLO

Te busco en este mi regreso al campo de la cosecha de frutos en el espacio que transitamos, conspirando, viejo amigo, aquel nuestro espacio donde esparcimos semillas del mutuo respaldo, cual campesino que promueve la siembra de la vida nueva en cada pulgada de tierra. Juntos avizoramos el futuro, verlo crecer en reformas a mentes listas al afecto, así lo imaginé, así lo soñé a cada paso de mi humana lucha, presto al llamado de estrechar al camarada que buscaba refugio en las leyendas, del santo y seña en mi puerto, a costa de la vida.

Hoy toco puertas a aquel ambiente en fuga de sentimientos que animan los dineros. ¡Qué de mi terruño de cristianos! ¡Qué de los viejos revolucionarios! ¿Olvidaron por lo que se luchó con la clase? Amigo, camarada, cuando te busco te siento gozoso a tu paga de egoísmo, la enterneces cual guerrero a su estandarte sin más letras ni principios que el viva al mundo mezquino. Es tu nocturnal ¡hoy yo estoy leal al ayer, tú ves el desliz juvenil que se largó... Me dices la ciudadanía es fraude, no te desgañitas, la solidaridad humana es mentira y toda aquella elevada relación de camaradería ya sucumbió al interés capitalista. En tu sorna habla el desamor al hombre.

De aquel principio rector que con afán buscamos prenderlo del hondureño, lo supliste por reglas modernas de seguridad al sistema. Todo a mi paso lo encuentro reseco, de aquellas semillas que con bravura lancé a su producción del nuevo hombre, solo encuentro campos yermos, hombres y mujeres que erran indiferentes, al revolucionario sin más sentido que el de obviar al ser terrenal. ¿Dónde está mi camarada, con el que nos acompañamos al peligro de muerte contra el demócrata liberal que nos sembró el paso, con secuestros, torturas y muerte, los que sentaron su defensa con nuestros mártires hoy olvidados, a su democracia la asentaron con la indiferencia?

¿Qué te puedo ofrecer a tu mesa y a tu mala lectura de la vida que te zurra? Me dices, a tu mano extendida, te ofrezco mi charla de mi éxito, con el que te puedes acompañar al frío y al hambre en tu camino por el que viniste. ¡Sabes viejo, viejo, que el amor murió, lo mató la indiferencia! Yo soy su luto y su congoja, tú la víctima que entierro.

Citas Relevantes

**Karl Marx:**

"La historia de todas las sociedades hasta nuestros días es la historia de las luchas de clases." — *El Manifiesto Comunista*. Marx destaca cómo la lucha de clases es un motor de la historia, siendo la pequeña burguesía a menudo una clase intermedia con intereses contradictorios.

**Frantz Fanon:**

"La burguesía nacional no toma en consideración la economía del país; su única preocupación es enriquecerse, en forma rápida y sin trabajar." — *Los Condenados de la Tierra*. Fanon critica cómo la burguesía, una vez en el poder, a menudo perpetúa estructuras de opresión para mantener sus privilegios.

**Vladimir Lenin:**

"La democracia burguesa es una democracia para los ricos." — *El Estado y la Revolución*. Lenin critica cómo la democracia en manos de la burguesía sirve a los intereses de los ricos y perpetúa la opresión de las masas.

# NOTAS AL DISCURSO
# DEL PROTECTOR

Los que buscamos de beber del agua democrática, en donde campean las élites y se reparten las voluntades del pueblo, calmar la sed de justicia social es imposible a voluntad. Habrá que darles duros en sus nudillos para que suelten el poder y la mano apretada. No está en sus favores de protector, ni en los milagros del mesías. Esta se debe tomar y debemos de tomarla con el espíritu liberado a mejorar el mercado y el surtir de empleadores. Es con la denuncia y con el hacer organización política es el cómo luchar con quienes nos llevan por los intereses de la codicia, a la tal condición birladora del empleo y de salarios precarios, de elevados precios de la tortilla y del alquiler. Son estos responsables los que se deben fustigar hasta su derrocamiento.

Llevar al debatir público y por ese sendero es hallar el oasis de la identidad y el mejor caminar en el estado de cosas reinante, del hasta despejar el engaño y hasta surgir la teoría del movimiento revolucionario y le dé ñeque a esta sociedad perezosa y que de esta manera aclare la confusión y lo del saciar hoy con la distracción y el empero de seguir sediento, que nos lleva a pocos a luchar, diría compungido al escribir, a poquísimos, en pos de los muchos y correr el velo de su engaño que oculta lo adrede de la real identidad y de su oposición ideológica.

El proyecto revolucionario se opone al ruido conservador del movimiento de Mel y de todo el partidismo existente del ayer que inunda de inmoralidad al partido de la revuelta constitucionalista, en este ahora que es mezcla y mando, del yo creo y del así es, que se suma a la creciente de pobreza estimulada para el medio de reserva del régimen asalariado.

Los gobernantes hoy nos dictan la desvergüenza cachureca como democracia como polvo a sacudir en la conciencia política al siempre seguir al cacique, toda es moral y a este todo lo yacen a los pies del gran señor a su sueño de terrateniente.

¿Qué de pueblo soberano diría que es, cuando excluyen las masas del gobernar, estos mismos de clase que urdieron en las selvas de la mentira burguesa y de mano de la apropiación mercantil que de sus egoísmos fundaron este país para beneficio único de la propiedad privada?

Los conservadores olvidan que lo que calma la sed a los marginados es la expropiación de las tierras del terrateniente, la redistribución de la riqueza y la propiedad del Estado que anulará el festín del patrón politiquero. Hablo del nuevo Estado edificado sobre bases del cabildo abierto y congresos populares prestos al interés del poblador, al obrero y la madre obrera soltera. De las sombras llegará la luz de la revolución. Es decir, el bienestar como meta del largo plazo.

Citas Relevantes

**Karl Marx:**

"La historia de todas las sociedades hasta nuestros días es la historia de las luchas de clases." — *El Manifiesto Comunista*. Marx destaca cómo la lucha de clases es un motor de la historia, siendo la pequeña burguesía a menudo una clase intermedia con intereses contradictorios.

**Frantz Fanon:**

"La burguesía nacional no toma en consideración la economía del país; su única preocupación es enriquecerse, en forma rápida y sin trabajar." — *Los Condenados de la Tierra*. Fanon critica cómo la burguesía, una vez en el poder, a menudo perpetúa estructuras de opresión para mantener sus privilegios.

**Vladimir Lenin:**

"La democracia burguesa es una democracia para los ricos." — *El Estado y la Revolución*. Lenin critica cómo la democracia en manos de la burguesía sirve a los intereses de los ricos y perpetúa la opresión de las masas.

# LA DICTADURA Y SU NECESIDAD

El régimen capitalista, desde su nacimiento y desarrollo, estableció una Constitución. Es decir, un acuerdo de relaciones entre los grupos sociales, subrayando su carácter obligatorio y coercitivo a los viejos dominadores, en ese caso a la propiedad feudal. Tal hecho histórico nos habla de la necesidad de la dictadura y de una relación política conciliatoria e impositiva, se hace en forma de dictadura, lo que guarda de su relación de fuerza concéntrica, de su hermandad y dirección con la democracia que la anida en sus artículos Constitucionales que se allegan a la clase a su espíritu obligatorio y coercitivo. Lleva atadas las relaciones, costumbres y vida cotidiana como la norma obligada del sistema político económico.

El trato del que trata la ley en el Estado es amortiguar los choques entre los grupos y clases económicas en su antagonismo. Con ella, se dilucida a voluntad convocada en leyes y tribunales y con la norma Constitucional. Quienes se asoman a soplar en la Constituyente originaria, en sus reuniones sino la voluntad de los que se adueñaron de las relaciones, en el caso del capitalismo, son quienes violentan la justicia con su "justicia". Del explotador que enajena el trabajo del obrero a su forma de vivir regalada por el arrebato a los obreros de lo que producen con su mísero salario, por lo que tratan de establecer un ambiente de conciliación, de lo que no pasa nada que en lo general se resuelve en paz particular adentro de sus empalizadas de régimen establecido.

La Constitución, diría, es un cuerpo de relaciones atentas a favorecer la clase en el poder, que cambia de partidos y gobiernos y nunca del poder de la clase dominante que se rebusca en sus apuros y entre su afluente la costumbre a optar mejores interpretaciones, digo salidas para valer y nublar de atajos y celadas a la ley, como sucedió con la elección de la Presidencia del Congreso de Libre y la reelección de JOH que frenaron a la mayoría con la minoría y de fondo el terrorismo para aplacar los disidentes.

Cuando se habla de reformular una Constituyente se habla de la misma mica en el mismo árbol sin hojas que no capta la luz de la democracia popular, de congresos populares, esta elaborada por y para la clientela partidista de acuerdo a los intereses del grupo de la oligarquía y de sus dirigentes políticos. Estamos entonces bajo la voluntad camuflada del ceño fruncido de los dueños de los movimientos y partidos políticos. Estamos bajo la determinación de la dictadura.

Las maniobras políticas confirman que la Constituyente y su Constitución es la misma voluntad encadenada con tribunales y Cortes de Justicia ennoblecidas al patrón y a todo el cortejo que carga la cola del velo en su alfombra roja.

Es penado llamar al trabajador a la disolución del sistema capitalista.

Citas Relevantes

**Karl Marx:**

"La historia de todas las sociedades hasta nuestros días es la historia de las luchas de clases." — *El Manifiesto Comunista*. Marx destaca cómo la lucha de clases es un motor de la historia, siendo la pequeña burguesía a menudo una clase intermedia con intereses contradictorios.

**Frantz Fanon:**

"La burguesía nacional no toma en consideración la economía del país; su única preocupación es enriquecerse, en forma rápida y sin trabajar." — *Los Condenados de la Tierra*. Fanon critica cómo la burguesía, una vez en el poder, a menudo perpetúa estructuras de opresión para mantener sus privilegios.

**Vladimir Lenin:**

"La democracia burguesa es una democracia para los ricos." — *El Estado y la Revolución*. Lenin critica cómo la democracia en manos de la burguesía sirve a los intereses de los ricos y perpetúa la opresión de las masas.

**Fidel Castro:**

"La revolución no es una palabra sino un acto, no es algo que se espera sino que se hace." — Fidel Castro. Castro subraya la importancia de la acción y el compromiso en la lucha revolucionaria.

**Nelson Mandela:**

"Ser libre no es solamente desamarrarse las propias cadenas, sino vivir en una forma que respete y mejore la libertad de los demás." — Nelson Mandela. Mandela resalta la importancia de la solidaridad y el respeto mutuo en la lucha por la libertad.

# LA ORGANIZACIÓN DEL PARTIDISMO ES UN ESFUERZO, NO ES MANÁ QUE DEL CIELO CAEr

Vivan los luchadores de Libre, aquellos cuyos primeros pasos en su caminar hacia la organización partidaria y popular se oyen. Van a desbaratar con otro tipo de relación lo actual negativo. Es una voz que se oye en el patio de Libre y el volver a ver de su militancia activa del partido, la disputa a darse con los siervos del patrón de su iglesia del rey eterno y con los que captaron la idea para el mejor relacionarse con la candidatura de entre los suyos, puro pueblo de elegir por los suyos, sabiendo que en la vereda de la política habrá de antagonismos, del hacer y del permanecer, los unos con auxilios de las brisas de la teoría y práctica nueva, de afectuosa a la actividad del cambio que fortalece la democracia y los otros con el añoso visto bueno del patrón.

Aunque hoy la idea de remover las insatisfacciones no logra el sentido de la vida de vivir entre bienestar, a la pregunta del por qué y para qué organizar por lo anterior es importante por el despelote que gana elecciones para los dueños del partido, vale entonces el reorganizar la patria del burgués, donde las cosas de la política obran a favorecer el diseño del señor.

El encuentro que se da en dos direcciones en la militancia: la que sigue al amo con su desinterés a la lucha a favor de los pueblos y de los que anuncian el basta con lo nuevo mejor. ¿Qué hacer contra el que objeta el bienestar del trabajador? Primero es lo que hacen el demostrar molestia en la denuncia y luego, lueguisimo el reunir gente, no importa el número, es hacer una corriente de voces que se encauce al ambiente de los desacuerdos para aclarar lo que se quiere para el pueblo con el cambio, y de lo mal actuado por las élites y caudillos que solo fijan la pobreza con la explotación al trabajador y auxilian con el Estado a estos grupos poderosos que representan y que se turnan, para seguir con lo mismo, por tal urge apoyar a lo joven a la urgencia del tema del demócrata, del qué hacer para cambiar.

Se oye hablar de la necesidad del tránsito pero se hace nada entre muros de Libre, en el priva el desorden en el orden que promueve el jefe, que le da resultado de éxito su tal forma de desorden de organización electorera, al eliminar la organización. Cruzar esta línea de puntos con lo continuo de la ética es subvertir lo establecido por los que mandan.

Se hace necesario lo que se oye y dice que el partido es de todos, pero en este partido tradicional el titular se encarga de echar a la barranca el organizar con su manera liberal de actuar solo y con los mandaderos a cuidar las mesas electorales y los votos de los que eligió él como dueño.

Entonces de esta realidad se afirma que los partidos Liberal, Nacional y Libre son partidos de esos del cuidar votos, la forma liberal de hacer partido electoral en Honduras, sumando a lo que se entiende por democracia a lo cachureco.

El PSH no es organizado, deja sus votos al garete, es otra forma de mandamás. Pero hoy la idea que nacida en la legislación de Reina que no se le ha puesto importancia, es una medida de tímida reforma que pudo y puede desarrollarse a favor de la nueva forma de poder. El Cabildo, ese es hablar de otra forma de organización, que debe de remozarse con ideas que vengan de la lucha popular, de paros y de tomas, sin miedo a lo hiriente de cachurecos, el partidismo de nuevo tipo a darse es de la gente brava a lo nuevo, a luchar por representantes surgidos de los comités de barrio a los Congresos departamentales a instalar, a legislar en su jurisdicción de sus municipios.

Libre deberá pasar de mero partido electorero en el partido que se agrupe en el concierto de la nueva democracia de los congresos y comités populares. Es modelo de la novísima invención de democracia popular para esas voces de partido que claman por el nuevo tipo de reuniones periódicas activas de toda la barriada con debates de la comunidad como programa político revolucionario, no a lo Mel, sino el de crear liderazgos ratificados por las asambleas que reconozcan las virtudes de los militantes y premiar con más trabajo solidario, a suceder la selección de diputados de dedo por orden del dueño que hace y deshace del partido, a luchar por un nuevo líder de barrio o de organizaciones sociales contra el líder impuesto.

¿Por qué necesitamos del partido de nuevo tipo, en Libre donde no cuenta el hombre como humano sino el afán de enriquecerse más si su pedigrí es de calidad burgués, reconocido para obedecer la decisión del cacique es darle su satisfacción? Estos pocos luchadores de Libre tienen una tarea inmensa en la soledad del indiferente, de una democracia a explorar sus bondades en las reprimendas conservadoras al Cabildo y convertirlas de servicio al Alcalde en arma de liberación. Viva el Cabildo por su lucha.

Citas Relevantes

**Karl Marx:**

"La historia de todas las sociedades hasta nuestros días es la historia de las luchas de clases." — *El Manifiesto Comunista*. Marx destaca cómo la lucha de clases es un motor de la historia, siendo la pequeña burguesía a menudo una clase intermedia con intereses contradictorios.

**Frantz Fanon:**

"La burguesía nacional no toma en consideración la economía del país; su única preocupación es enriquecerse, en forma rápida y sin trabajar." — *Los Condenados de la Tierra*. Fanon critica cómo la burguesía, una vez en el poder, a menudo perpetúa estructuras de opresión para mantener sus privilegios.

**Vladimir Lenin:**

"La democracia burguesa es una democracia para los ricos." — *El Estado y la Revolución*. Lenin critica cómo la democracia en manos de la burguesía sirve a los intereses de los ricos y perpetúa la opresión de las masas.

# SIGUE FIRME LA NECESIDAD DE LA ORGANIZACIÓN DE NUEVO TIPO, EN HONDURAS

El poder popular es crudo de demagogia, lanzamiento propagandístico, al favor reeleccionista de Libre, que hace de lo que no existe una verdad colectiva en su realidad resecada de democracia. Es figura retórica subjetiva en lontananza política pasa a ser fijada como recién nacida en la mente del hondureño, como real.

En ese pensar se celebró, como demiurgo, la gran fecha con invitados a recordar los 70 años de la huelga de los bananeros y aquel abril que se dio la fundación del Partido Comunista de Honduras (otra fecha es 1° de mayo de 1922 y dirigido por Manuel Calix Herrera). La secretaría de planificación reconoce de formal la dirigida por Dionisio R. Bejarano y con él otros, entre los que se incluye a Rigoberto Padilla Rush, Ramón Amaya Amador, etc. De esa fecha pro independencia puedo agregar lo sin importancia mencionar, quizás, lo del hogar donde se incubó el Partido su segunda vez con la intención de vivir, salido del PDRH, que fue el partido de luchadores en contra la dictadura de los dieciséis años.

Contra ese terror caríista se forjó la vida como retoño de aquella planta política rebelde, es su así de organización: de Partido Comunista de Honduras, PCH, el que tanta falta hace a la cabecera de la lucha de los trabajadores hondureños en su lucha por la soberanía y el porvenir de bienestar deseado, que negado, siempre negado por el cerril conservadurismo, por lo tanto es lucha pendiente de resolver y para la cual debemos organizarlo en este presente del gobierno de la comedia que edulcora su desempeño social con la azúcar de socialismo y para rematarlo agrega lo impensado lo democrático, vaya anticomunismo rapado para pasar inadvertido.

Decía de que se celebró sus años más a iniciativa de la delegación del susodicho poder popular que rezó en tarjeta "Encuentro de luchadores y luchadoras populares", a recordar los 70 años de fundación del Partido Comunista y del grito de huelga, huelga entre matas de plátano, quineles y barracones fue el medio donde primero se hicieron oír los campeños levantados a exigir un mejor trato económico. Así lo marcó la historia como un hasta aquí, y con su dedo señalando el futuro de organización de obreros en la ciudad de sindicatos y en el campo que reclamaban y reclaman el basta de los campeños que se acompañaron con el saber del adonde ir con su partido de tiempo continuo con el siempre reivindicar, es época de transición, de la democracia burguesa al socialismo marxista, es el reclamo y compañía al paso de democracia en este absolutismo de caudillo, creado por la soberbia y el interés de exclusión constituido como eterno en los olvidos e indiferencias de los gobiernos conservadores de hasta hoy adicionando en caso de peligro al populismo como luz al caminar al bien común. En este hoy se ha alistado al sistema autoritario el cachurequismo remozado, siempre fiero y tramposo en la dictadura de grupo, de urnas y necesario para gobernar.

En la Constitución se expresa la dictadura, el interés de la clase en el poder con ella hace justicia mofa y la paz del potentado. Es imponderable su interés porque la pierden en la palabrería inútil y ambigua de la clase en el poder la encubren con lo general, hablan de justicia para todos en general con dos balanzas y una Constitución, articulada con el interés de defender el sistema, por lo que es aceptable lo de la dictadura de clase, espero qué no cause picazón, asombro ni repulsa entre la inocencia, si la norma en las relaciones entre los hombres y constitucionales son de carácter autoritario, obligatorias y penan su desestabilización política cuando el poder se tambalea a favor de los trabajadores.

Marginar s los pillos que dan titulo de soberano al pueblo reservandose los tres poderes a su discreción de moderno liberal y absolutista, en esta fiesta bufa al hombre de hojalata, que no sabe que, no se queja, y que viva al saqueador...

Citas Relevantes

**Karl Marx:**

"La historia de todas las sociedades hasta nuestros días es la historia de las luchas de clases." — *El Manifiesto Comunista*. Marx destaca cómo la lucha de clases es un motor de la historia, siendo

# SOLO SE HALLA LA PAZ, CUANDO EL BIENESTAR POPULAR PISA LA TIERRA

Nelman Sabillón, presente.

En tu soledad de tu hoy y, mi hoy, y en tu gracia de tener voz, a los que presentan respetos a tu serenidad, los de parte de la generación de la que somos hijos de sus ideales, del seguir sin desmayar a ser joven joven, de esa producción útil que se aletargó con la tempestad de granizo, que heló las mentes del no saber florecer como el hacer y al que seguir, esfumó el ayer a su hoy y vagó en lo empezado como en una orilla que se alejó del centro del camino, con los que se regocijan con su oportunismo que perdió la oferta.

Eres tú el recordatorio cariñoso, de todo cuanto guardé al minuto de silencio, que supo medir vuestro tiempo de militante de la solidaridad con el pueblo expulsado de Chile, por el malvado y a ese menester ocupado te recuerdo sin tiempo de hacer hoy a la tarea del ayer, que se alojó en su muerte. El espíritu, dice apenado, de que no solo hay que guardar recuerdos de lucha con el gran FRU vía de aquel presente, digno por que se hizo descansar, si la época que reclamaba de revolución, era a su bregar al llamado. Que se interrumpe con la visita del cóndor alado por militares vino a tronchar la esperanza, con un golpe mortal que venido como el ejército peninsular este del sur vino e inspirado por el Norte del águila calva a inmolar luchadores en pechos descubiertos.

Nelman reposa tu tiempo al igual que esa lucha interrumpida con reclamo del presente.

Citas Relevantes

**Karl Marx:**

"La historia de todas las sociedades hasta nuestros días es la historia de las luchas de clases." — *El Manifiesto Comunista*. Marx destaca cómo la lucha de clases es un motor de la historia, siendo la pequeña burguesía a menudo una clase intermedia con intereses contradictorios.

**Frantz Fanon:**

"La burguesía nacional no toma en consideración la economía del país; su única preocupación es enriquecerse, en forma rápida y sin trabajar." — *Los Condenados de la Tierra*. Fanon critica cómo la burguesía, una vez en el poder, a menudo perpetúa estructuras de opresión para mantener sus privilegios.

**Vladimir Lenin:**

"La democracia burguesa es una democracia para los ricos." — *El Estado y la Revolución*. Lenin critica cómo la democracia en manos de la burguesía sirve a los intereses de los ricos y perpetúa la opresión de las masas.

# CRÍAN EL CRIMEN PARA LUEGO DARLE CAZA

El fiscal de Nueva York, en su alocución de palabreo jurídico e imperativo, lleno de soberbia en su presentación, habló del caso del narcotráfico imputado al expresidente de Honduras, Juan Orlando Hernández. Lo presentan como victimario cuando lo que es una víctima, hundiéndolo al increparlo como enemigo de la nación del Norte, tan enemigo o más que China. Así, de esta manera grosera, habló el fiscal del sonado caso que le ha permitido utilizar su soberbia de gran nación imperial que lleva intrínseca para destacar la lucha de la DEA y la CIA, tantas veces denunciadas por los pueblos como co-conspiradores en el tráfico de drogas y constructores de las veredas por donde la droga camina rumbo a la patria del águila calva, hasta hacerse la distribución.

Son casos repetidos las más de las veces para denunciar la lucha anticomunista, que parte de este criadero de conspiradores, donde preparan la jaula para luego darles caza y a los que lo incriminan como socio en el sucio tráfico lo encierran entre paréntesis como información de seguridad clasificada, la archivan a dormir por cincuenta años en los secretos de Estado, a hacerlos que pierdan actualidad, envejeciendo adrede a cualquier denuncia que los asocie en este negocio. En el caso del expresidente, cualquier implicación solo será oída por los que la callarán. Por lo que cualquier denuncia no colaborará a su inculpación.Gary Webb, premio Pulitzer, periodista laureado que se suicidó al estilo de la CIA con dos balas en su cabeza después de denunciar a la CIA de narcotráfico, lo hallaron muerto, en una forma de acallar las denuncias al imperio. Callando se silencian los soberbios fiscales de EE. UU., en ese su hacer criaturas. Lo de esa investigación dada a conocer por Webb nos permite sospechar y deducir la calaña de tales instituciones de inteligencia y por su historial en la lucha contra las drogas crea compromisos, que lo que nos propuso fue el braceo del ahogado llamar a expresidentes lo que produjo la duda, en la tranquilidad demostrada por JOH antes de su captura en Honduras, eso dio la sospecha de un acuerdo en las sombras que le daría de impunidad, producto de un compromiso estratégico del imperio con la dictadura producido debido a su lucha contra el socialismo, lucha imperialista que nos llevó a sospechar de ser cierta la bola de llamar al estrado a declarar a los dos expresidentes, Obama y Trump, como imperio pudieron firmar posibles acuerdos internacionales con la dictadura y no cumplidos por los gringos de negociadores terroristas y además de comerciantes inescrupulosos de muertes con promesa de excepción de ponerlos ante la justicia con tal se sometan.

Los cargos a JOH son mínimos comparados a los que pesan sobre los hombros del imperio, crímenes en Hiroshima, Nagasaki, Laos, Vietnam, Irak y Libia. Aclaramos, no defendemos el crimen del dictador, cuando con nuestro voto se contribuyó a su salida, pero sí condenamos la moral de que hacen gala en ese país que de tantos crímenes que moldean al hablan con su hipocresía y manipulación del callar a despecho de sus hechos. Momento que no podemos dejar escapar sin la denuncia en la exhibición de su comedia - juicio, en Nueva York, que le hacen llegar al pueblo como justicia, más siendo apañamientos y nuevos carteles de la droga nacen y se multiplican como otra historieta de justicia en su ojeriza a la moral.

Citas Relevantes

**Karl Marx:**

"La historia de todas las sociedades hasta nuestros días es la historia de las luchas de clases." — *El Manifiesto Comunista*. Marx destaca cómo la lucha de clases es un motor de la historia, siendo la pequeña burguesía a menudo una clase intermedia con intereses contradictorios.

**Frantz Fanon:**

"La burguesía nacional no toma en consideración la economía del país; su única preocupación es enriquecerse, en forma rápida y sin trabajar." — *Los Condenados de la Tierra*. Fanon critica cómo la burguesía, una vez en el poder, a menudo perpetúa estructuras de opresión para mantener sus privilegios.

**Vladimir Lenin:**

"La democracia burguesa es una democracia para los ricos." — *El Estado y la Revolución*. Lenin critica cómo la democracia en manos de la burguesía sirve a los intereses de los ricos y perpetúa la opresión de las masas.

# A LA MEMORIA DEL CAMARADA QUE A SU LUZ GUÍO LA LUCHA DE LOS REVOLUCIONARIOS

Tanta pena llena mi espíritu cansado con lo que lo infausto me trae a mi esperanza por la vida, la partida de un imprescindible, Mario Membreño, que nos lo arrebata la que no puede esperar que culmine su ideal, el que estaba hecho de luz, en momentos que la necesitamos para despejar este camino de yesca a la espera del rayo que prenda lo que debe arder en las mentes del pueblo, la liberación. Se nos ha ido la antorcha para el paso firme al caminar entre abrojos conservadores y espinas de cálculo y oportunismo gubernamental. Adiós camarada, sabremos dar la batalla con tus enseñanzas. Hasta luego desde mi tristeza amigo del alma.

Citas Relevantes

**Karl Marx:**

"La historia de todas las sociedades hasta nuestros días es la historia de las luchas de clases." — *El Manifiesto Comunista*. Marx destaca cómo la lucha de clases es un motor de la historia, siendo la pequeña burguesía a menudo una clase intermedia con intereses contradictorios.

**Frantz Fanon:**

"La burguesía nacional no toma en consideración la economía del país; su única preocupación es enriquecerse, en forma rápida y sin trabajar." — *Los Condenados de la Tierra*. Fanon critica cómo la burguesía, una vez en el poder, a menudo perpetúa estructuras de opresión para mantener sus privilegios.

**Vladimir Lenin:**

"La democracia burguesa es una democracia para los ricos." — *El Estado y la Revolución*. Lenin critica cómo la democracia en manos de la burguesía sirve a los intereses de los ricos y perpetúa la opresión de las masas.

# ÓRGANO DEL HACER PARTIDO PARA TRANSFORMAR HONDURAS

No existen buenos y malos, solo víctimas. ¡Basta ya! Lo que este sistema de partidos políticos hace, tomar al ciudadano como pieza de juego de buenos y malos. Estos son malos y los otros buenos nos aleccionan al juego y a su viceversa, y la libertad se halla al final, como el tesoro del arco iris en tu elección por el que votas, sea por los buenos o malos al sistema le es indiferente y sanseacabó.

Esto se debe razonar y rechazar lo de semejante fórmula de dominación, que se despliega entre hondureños como reflejo económico de la clase que divide y empleita y en la política los remata a los divididos en ricos y pobres y a los pobres los vuelve a dividir en partidos a pelear por ganar el voto del bobo, que no sabe que lo cazan al igual que el alce en la estampida por el felino que divide la manada para la fácil tarascada a la presa, en este caso de dispersa reflexión inmersa en sus cotidianidades, las menos urgentes que las de gobernar, por lo que hay que actuar con prioridades a resolver esta trampa bien recibida por el pueblo y que solo su Partido de los Trabajadores está apto para actuar de acuerdo a tales circunstancias y a poner un hasta aquí al juego de los ganapierden de siempre, los políticos de oficio, los que ponen a hacer el ridículo de la pelea por ellos a los trabajadores y campesinos que se dividen por su elegir, a los teniendo los mismos problemas y los mismos emproblemadores desvían el dedo acusador de la causa.

Todas estas elecciones que llegaron trastabillando por denuncias de fraudes, representan el lado oscuro de esta democracia mal parida por la burguesía, al estar al lado de los dueños de los partidos. Esto es su mejor invento para encubrir el fraude desde las elecciones internas. Nos han dicho ver malos y buenos y desde siempre ningún gobernante ha puesto al punto a esta democracia que en lugar de caminar juntos nos dividen y nos dan el más vulgar de los aglutinantes, los colores como banderas y el nudo a hacer a favor de líderes del capitalista o del terrateniente, no hacen por promover una nueva visión a favor del pueblo, no hallan otra salida que la justificación como imperfecciones de la democracia y subrayando que aun siendo así es lo mejor conocido de las consultas que manipulan a su interés, no aceptan el contacto directo en asambleas populares como la salida directa ha elegir los candidatos a elección popular, ni uno solo de los partidos se han interesado por esta forma de oír al pueblo directamente enfundado con sus críticas duras, se aíslan y cuando salen es escoltados con la elección indirecta y la promesa vana, han creado: odios y rencores que necesitan alimentar con los partidos de entre ciudadanos para tener partidarios divididos y no se muevan de la mira del cazador.

La democracia directa que en ciernes se halla escondida en las bodegas municipales al deterioro por su abandono o por su mal uso y ciegos por su liberalismo, no ven en ella el futuro de las nuevas relaciones sociales, las que acabarán con los enfrentamientos desgastantes de la hondureñidad de ciudadanos en pugna estéril.

Citas Relevantes

**Karl Marx:**

"La historia de todas las sociedades hasta nuestros días es la historia de las luchas de clases." — *El Manifiesto Comunista*. Marx destaca cómo la lucha de clases es un motor de la historia, siendo la pequeña burguesía a menudo una clase intermedia con intereses contradictorios.

**Frantz Fanon:**

"La burguesía nacional no toma en consideración la economía del país; su única preocupación es enriquecerse, en forma rápida y sin trabajar." — *Los Condenados de la Tierra*. Fanon critica cómo la burguesía, una vez en el poder, a menudo perpetúa estructuras de opresión para mantener sus privilegios.

**Vladimir Lenin:**

"La democracia burguesa es una democracia para los ricos." — *El Estado y la Revolución*. Lenin critica cómo la democracia en manos de la burguesía sirve a los intereses de los ricos y perpetúa la opresión de las masas.

# Epílogo

El viaje a través de "La Horma" ha sido una travesía por los caminos de la reflexión y la crítica. A lo largo de estos ensayos, hemos explorado las raíces profundas de las injusticias y las desigualdades que afectan a nuestra sociedad, y hemos cuestionado las narrativas oficiales que buscan perpetuar un sistema opresivo. Hemos llamado a la acción y a la organización colectiva como medios indispensables para alcanzar la justicia social y un futuro más equitativo.

En este epílogo, queremos recordar que la lucha por un mundo mejor no termina con la lectura de estos ensayos. Al contrario, es solo el comienzo. La verdadera transformación requiere de nuestro compromiso constante y de nuestra participación activa en los procesos de cambio. Debemos recordar que cada uno de nosotros tiene un papel crucial en la construcción de un futuro más justo.

Los desafíos que enfrentamos son grandes, pero también lo son nuestras capacidades y nuestra determinación. La historia nos ha demostrado que los cambios significativos son posibles cuando los pueblos se levantan unidos y organizados. Es nuestra responsabilidad tomar las enseñanzas de "La Horma" y aplicarlas en nuestra vida diaria, en nuestras comunidades y en nuestras luchas.

Este compendio de ensayos es un llamado a la acción, un recordatorio de que la justicia social no es un regalo que se nos da, sino un derecho que debemos conquistar. Es un homenaje a todos aquellos que han dado su vida por la causa y una inspiración para las generaciones futuras.

Sigamos adelante con la convicción de que, juntos, podemos construir un mundo más justo y equitativo. La lucha continúa, y cada uno de nosotros tiene la capacidad de ser un agente de cambio. Que "La Horma" sea una guía y un faro en este camino hacia la transformación.

**¡Viva la lucha por la justicia social!**

**Atentamente, Alfredo Castro Torres**